Renegald Gruwe

Manche lachen
auch gar nicht mehr!

Renegald Gruwe

Manche lachen auch gar nicht mehr!

ERZÄHLUNGEN

VERLAG 28 EICHEN
BARNSTORF

Für Manuela

Die Deutsche Bibliothek verzeichnet diese Publikation
in der Deutschen Nationalbibliographie.
Detaillierte bibliographische Daten sind im Internet über
http://dnb.ddb.de abrufbar

ISBN 978-3-96027-116-1

Cover unter Verwendung einer Grafik
„Wer zuletzt lacht!“ (2019) von Renegald Gruwe,

INHALT

EIN VORWORT

Zieh doch bitte deine Straßenschuhe aus, wenn du zu Hause bist!"

Diesen Satz kann ich schon fast auswendig. Erfunden hat ihn meine Frau, und wenn es Geld dafür geben würde, wir wären gemachte Leute.

Jetzt aber mal ohne Quatsch, sie hat ja Recht. Und oft genug lasse ich meine Treter an, ohne wirklich einen Grund zu haben. Keine Schweißfüße, die einen umhauen, keine kalten Zehen, keine giftigen Schlangen oder Skorpione kriechen durch unsere Wohnung, und auch keine Felsen oder große Abhänge habe ich zu erklettern, für die ich festes Schuhwerk unbedingt benötige. Es ist auch nicht wahr, was ich manchmal sage, um meine Schuhe nicht ausziehen zu müssen, dass ich nämlich gleich wieder fort muss, auf eine Expedition, zu einem Marathonlauf, zu einer Reise in die Vergangenheit oder auf die Toilette. „Auf die Toilette" kommt der Sache schon etwas näher, aber da gerate ich vom Regen in die Traufe! Denn immer wenn ich mit Straßenschuhen auf die Toilette gehen will, heißt es : „Ich habe gerade das Bad geputzt!"

Noch so ein Satz, den meine Frau erfunden hat. Sie hat noch ganz viele solche Sätze erfunden und hat auch die Urheberrechte an diesen Werken.

Aber ich tue ihr unrecht, schreibe ich jetzt und hoffe, sie wird mir diese kleine Geschichte verzeihen, denn es sieht so aus, als sei sie ein Hausfrauchen und meckere nur den ganzen Tag herum. Das stimmt so nicht. Denn eigentlich ist sie sehr viel unterwegs, und ich mache den Abwasch, sauge den Teppich wasche die Wäsche, gehe Einkaufen, sehe aus dem Fenster, beobachte die Nachbarn und rege mich über den und jenes auf. Ja, das mache ich alles. Aber meine Frau putzt das Bad, und da ist es nun einmal besonders schlimm, wenn ich mit Straßenschuhen hineintapse und Spuren auf den Fliesen hinterlasse, auf denen sie mit ihren zarten Füßen geht und steht und sich die Zähne putzt und die Haut eincremt und noch viele andere Dinge tut, die ich hier und jetzt nicht alle aufzählen kann. Es würde den Rahmen dieses Vorworts sprengen. Aber ich denke, die Damen unter den Lesern können das nachvollziehen. Das alles macht viel Feuchtigkeit und Tropfen hängen an den Wänden. Aber sie putzt das Badezimmer blitzblank. Auch muss ich sagen, ich bin meiner Frau dankbar, dass sie das Badezimmer putzt. Das ist keine schöne Arbeit. Lieber wasche ich ab, sauge den Teppich und beobachte die Nachbarn.

Nun können und werden Sie fragen: Was zum Henker geht uns die Privatangelegenheit des Autors an, noch dazu geschrieben in einem Vorwort zu einem Buch?

Ganz richtig, könnte ich Ihnen antworten, einen feuchten Kehricht! Dies schreibe ich natürlich nicht, denn ich will ja keinen Leser oder Zuhörer oder keine Leserin oder Zuhörerin verlieren oder vergraulen. Und schon gar nicht gleich im Vorwort.

Zurück zu meinen Straßenschuhen. Warum trage ich am liebsten Straßenschuhe beim Schreiben? Da bemerke ich, dass ich noch gar nicht erwähnt habe, dass ich Straßenschuhe trage, wenn ich arbeite, sprich, solche Sachen schreibe, wie diese hier.

Es hat etwas mit dem Gefühl zu tun, sich in Geschichten hineinzuversetzen, sie sich auszudenken und sie auf Papier, respektive in den Computer zu schreiben. Um es mit ganz einfachen Worten zu sagen, manche Geschichten lassen sich schlecht mit Hausschuhen an den Füßen schreiben. Es kommt irgendwie nicht gut. Manche Geschichten verlangen geradezu nach Straßenschuhen.

Ein Beispiel: Können Sie sich vorstellen, dass ein Ernest Hemingway eine Geschichte wie „Der alte Mann und das Meer“ mit Hausschuhen an seinen Füßen geschrieben hat? Oder wie sollte das gehen, einen Titel wie „Tod am Nachmittag“ über eine Kurzgeschichte zu setzten mit Pantoffeln aus Filz an den Füßen und vielleicht noch in einer bequemen Hausjacke? – Was entgegnen Sie? Hemingway trug beim Schreiben Badelatschen und kurze Shorts? – Er hat auf der Veranda seines Hauses in Key West in der Sonne gesessen? – Sie glauben, ich lenke nur ab? Sie denken, dass es nur ein mickriger Versuch sei, von meiner Marotte mit den Straßenschuhen abzulenken?

Und wie erklären Sie sich Hemingways Selbstmord? Natürlich dürfen Sie nicht die offizielle Version glauben! Denken Sie einmal darüber nach, wie es einem ergehen kann, der solch große literarischen Werke in Badelatschen schreibt.

Sie haben jetzt den Faden verloren und überlegen ob Sie dieses Buch überhaupt weiterlesen sollen?

Sie sollen! Sie müssen sogar! Denn später in diesem Buch erhält dies alles einen Sinn, vertrauen Sie mir. Ausgenommen von der letzten Bemerkung sind die Art Leserinnen und Leser, die sowieso nur in Buchhandlungen ein wenig im Vorwort schmökern und das Ende lesen, um das Werk dann wieder auf den Stapel der anderen Werke zurückzulegen, solche, die sich das

Buch dann später von einem Freund oder einem Verwandten oder in der Bücherei ausleihen. Ebenso ausgenommen sind die Menschen, die eine Buchhandlung oder die Abteilung für Bücher in Kaufhäusern aufzusuchen, weil es draußen wie an Bindfäden regnet. Dann reichen meist schon die Buchumschläge und das Kleingedruckte auf der Rückseite, um über das Sein und das Nichtsein von Schriftstellern zu entscheiden und sie entweder in die Gosse zu stoßen oder ihnen das Leben in einem Haus in Hörnum auf Sylt zu ermöglichen.

Nur nebenbei bemerkt, ich besitze kein Haus auf dieser wunderschönen Nordseeinsel. Noch nicht!

Aber ich schweife ein wenig vom Thema ab, dass da heißt: Warum schreibe ich in Straßenschuhen am besten.

Um es mit ganz einfachen Worten zu schreiben, es ist ein Spiel. Das Ganze ist ein Spiel. Verstehen Sie? Stellen Sie sich, vor wie sie früher, wenn sie ein Junge sind, Cowboy und Indianer gespielt haben. – Ja, auch Mädchen spielen solche Spiele und ich erkläre auch gleich, warum es Mädchen leichter haben im zarten Alter von neun oder zehn Jahren als Indianer aufzutreten. Mögen sie ihre Jagdgründe auch im Berliner Bezirk Charlottenburg gehabt haben. Weil sie nämlich lange Haare haben. – Seien Sie bitte jetzt nicht kleinlich, ich weiß auch, dass nicht alle Mädchen lange Haare haben, aber beim Cowboy-und-Indianer-Spielen ist es von Vorteil, wenn man als Indianer lange Haare hat. Als Junge wie als Mädchen.

„Von hinten durch die kalte Küche“, noch so ein Satz meiner Frau. Aber er trifft den Punkt. Das war nämlich schon als Kind mein Problem, nicht das was Sie jetzt denken, nein, ich hatte keine langen Haare und ich fand es immer schei…, ich fand es blöd, den Federschmuck eines tapferen Häuptlings der Sioux auf einem Kopf mit einer Mecki Frisur zu tragen. Einem Kurzhaarschnitt, kürzer als die Polizei erlaubte. Es passte nicht und es wirkte irgendwie albern. Auch die Lederhosen fügten sich nicht wirklich in das Bild ein, das ich mir damals von einem stolzen, tapferen Indianer in unserer Neubausiedlung machte. Ich weiß, was die Schlauberger unter den Lesern mir jetzt zurufen: „Warum in drei Teufelsnamen warst du dann kein Cowboy?“

War ich ja, aber das ist eine andere Geschichte mit den Pferden aus Besenstielen und einem schielenden Holzkopf oben drangesteckt.

Aber ich denke, so langsam verstehen Sie, was ich meine. Es muss realistisch sein. Das Leben und das Spiel. Und manchmal ist eben beides dasselbe.

Als ich vor ein paar Jahren beschloss, Schriftsteller zu werden, nahm ich mir die alte Schreibmaschine meiner Frau aus dem Schrank, die so schön laut klapperte, wenn man auf die Tasten haute, entstaubte sie notdürftig und kaufte mir eine Flasche Rotwein. Und schon war ich ein Schriftsteller. Gut, was ich schrieb war noch größerer Müll als das, was sie jetzt für teures Geld erworben haben. Zumindest stimmte aber das Ambiente. Das ganze Drumherum. Und dazu passten eben am besten Straßenschuhe. Am liebsten hätte ich mir ja auch noch ein Zimmer in irgendeiner heruntergekommenen Ecke unserer Stadt gemietet, mich nicht mehr rasiert und mir zwielichtige Damen eingeladen. Aber hier schob meine Frau der Inszenierung meines Schriftstellerlebens einen energischen Riegel vor.

„Lange Rede, kurzer Sinn“, sie ahnen wer diesen Satz gebraucht, muss die Sache einfach stimmen. Es muss ringsherum alles gut arrangiert sein. Es gibt noch viele Beispiele wie ich Dinge sehe und angehe. Ob es in der Kindheit war oder später als Erwachsener, ein schöner Schein war und ist auch immer richtig und notwendig.

Am besten hat es der Regisseur Dani Levi auf den Punkt gebracht und mir aus der Seele gesprochen. Ein Journalist fragte ihn nach der Premiere seines Films „Meschugge“ im Rahmen der Berliner Filmfestspiele, warum der Film denn teilweise in New York spiele. Er antwortete: „Weil die Uniformen und die Autos der New Yorker Polizei einfach cooler aussehen als die in Deutschland!“

Klingt merkwürdig, meinen Sie? Was das mit Straßenschuhen oder mit dem Thema an sich zu tun hat?

Und wieder haben Sie Recht und damit sind sie einer oder eine meiner liebsten Leser/innen. Ich liebe es, mich mit intellektuellen Menschen auseinanderzusetzen und über das, was ich schreibe, zu diskutieren.

Wenn du weiter so einen Stuss schreibst, brauchst du dich nicht zu wundern, dass du keinen Erfolg hast und dass kein Aas deine Geschichten liest! Dieser Satz könnte von meiner Frau sein. Aber so etwas würde sie niemals sagen. Denn abgesehen davon, dass sie meine Straßenschuhe in der Wohnung nicht mag und im Badezimmer ganz besonders nicht, steht sie doch zu allem, was ich schreibe und unterstützt mich, wo sie nur kann.

Ups, hört sich wie eine Danksagung an. Sollte doch erst am Ende des Buches kommen.

Jetzt aber Schluss mit der Vorrede, ich ziehe nur schnell meine Hausschuhe aus und meine Straßenschuhe an und los geht’s!

DER AUFSTAND

Sie standen aufgereiht, sozusagen in Reih und Glied und waren bereit die erste Attacke gegen mich zuführen.

Es mögen an die fünfzig Angreifer gewesen sein.

Ich hatte keine Ahnung, dass sich soviele in meinem Besitz befanden.

Ihr Anführer war ein langer Kerl mit einem Radiergummi auf dem Kopf.

Dass er der Rädelsführer gewesen war, schloss ich aus seiner großen Klappe. Unaufhörlich feuerte er die Anderen zum Widerstand an.

„Nieder mit den Anspitzern!“, war einer seiner Sprüche. „Alle Macht den unbeschädigten Minen!“, skandierten sie hinter ihm.

Dass darunter schon ein paar alte, abgenutzte Bleistifte waren enttäuschte mich schon. Hatte ich sie doch immer gut behandelt. Jedenfalls dachte ich, ich hätte gut für sie gesorgt .

Im Grunde lagen die Alten nur noch in der Schachtel für Stifte und mussten keine Arbeit mehr tun. Ich hatte sie aus reiner Sentimentalität aufbewahrt. Sie bekamen sozusagen das Gnadenbrot. Und nun das!

Dass die Neuen, die aus dem Discounter für Schreibwaren, sich gegen mich auflehnten konnte ich noch verstehen. Sie kamen aus billigen Verhältnissen. Dass ihr Anführer, der mit dem Radiergummi auf dem Kopf, sich gegen mich gestellt hatte, konnte ich dagegen nicht nachvollziehen. Hatte ich ihn doch extra in einem Fachgeschäft gekauft. So wie die Buntstifte und den Bleistiftanspitzer.

Ja, mir war schon klar, dass der ganze Aufstand sich um den Bleistiftanspitzer drehte.

Ich kann nicht leugnen, dass das Teil eine, man kann sagen, perverse Art hatte, sich um die Blei- und Buntstifte zu „kümmern."

Sicherlich würde ich es auch nicht gut finden auf diese Art in die Zange genommen zu werden und bei lebendigem Leib die Haut, beziehungsweise die Schale abgeschabt zubekommen.

Trotzdem, ein Aufstand ging gar nicht.

Zuerst griff ich mir den Radiergummikopf und brach seine Spitze ab.

Wie erwartet blieben die anderen zurück. Mit meiner konsequenten Handlung hatten sie nicht gerechnet.

Zwei von ihnen hatte ich gegriffen und ohne zu zögern in der Mitte durchgebrochen. Das Knacken der Minen hatte weiterere der rebellischen Schreibwerkzeuge in die Flucht geschlagen.

Einer, leider ein ziemlich teurer, fiel um, kullerte an den Rand des Schreibtischs, stürzte herunter und schlug hart auf dem Dielenboden auf. Sein Rückgrat war gebrochen. Ein weiteres Anspitzen war unmöglich geworden. Immer wieder würde die Spitze abbrechen. So landete er im Papierkorb neben dem Arbeitstisch.

So schnell wie der Aufstand begonnen hatte, so schnell war er niedergeschlagen. worden

Ohne weiteren Widerstand fügten dich die Stifte und zogen sich zurück in ihre Schatulle.

Den Kopf des Anführers benutze ich seitdem als Radiergummi. Er liegt, für alle sichtbar, zwischen dem

Brieföffner und dem Bild meiner Frau auf meinem Schreibtisch.

Auch wenn der eine oder andere es als makaber oder als herzlos empfindet, wünsche ich keinem so einen Aufstand der Bleistifte.

Na schön, die Vernichtung der alten Bleistifte nach dieser Rebellion könnte man mir als Racheakt auslegen. Doch stellen sie sich vor, wie Sie mit so altem Schreibgerät umgegangen wäre, dass ihnen ans Herz gewachsen war und Sie dann derart bitter enttäuscht hat.

Und die ganze Angelegenheit hätte auch sehr gut anders ausgehen können.

Ich habe da von einem Fall gehört, in dem ein Kollege nicht so klonsequent wie ich gehandelt hatte und die Schreibwerkzeuge die Macht übernahmen. Der Kollege wollte „diskutieren“ und eine „einvernehmliche“ Lösung finden.

Das Ende vom Lied war, das dieser Schriftsteller ein Sklave seiner Bleistifte geworden war. Sie können sich denken, was da für Geschichten heraus kommen.

Dass ich seit jenen Tagen fast ausschließlich den Laptop zum Schreiben von Geschichten benutze, haben sich diese aufständischen Bleiminen selber zuzuschreiben.

CHARAKTER SUCHT ROLLE

Warum sollte einer wie er auf einen wie mich hören? Er war groß, kräftig gebaut und lief die einhundert Meter unter zehn Sekunden. Gut, schnell laufen kann ich auch, besonders weg, wenn's brenzlig wird. Also, warum verhielt er sich ruhig und hörte sich an, was ich ihn zu fragen hatte? – Weil ich ihm eine Pistole unter die triefende Nase hielt. Ein wirklich unwiderstehliches Argument. Ein schon seit langem bewährtes Rezept.

„Ja, aber du solltest das Ding laden, bevor du es jemand unter die triefende Nase hältst", schniefte er, nahm mir die Waffe ab und schüttelte mich am Kragen, als wäre ich ein Milchshake. Ich ließ es geschehen, ohne Widerstand zu leisten. Ich wusste, dass er Recht hatte. Ich hatte kein Geld für Munition.

Er ließ mich los und steckte die Knarre in seine Tasche. „Trotzdem", sah er mich von oben herab an, „was willst du von mir wissen?"

Ich ordnete meine Kleider. „Wer hat Viktor erschossen?"

„Wer ist Viktor?"

„Willst du behaupten, du kennst keinen Viktor?"

„Nein, ich kenne keinen Viktor."

„Na schön, und wie sieht es mit Emanuel aus?"

„Wer soll das sein?"

„Du machst es einem wirklich nicht leicht“, kratzte ich mich am Kopf. „Was kannst du mir über einen gewissen Gustav sagen?“

Er schüttelte den Kopf.

„Und wie sieht es mit Robert aus? Auch nicht? Vielleicht sagt dir der Name Leonard etwas, oder Tim oder Richard? Karl-Friedrich, Benjamin, Frank?“

Er schüttelte den Kopf. Ich gab es auf. „Ich gebe es auf“, erklärte ich ihn für unschuldig und ließ ihn gehen.

„He“, war er mit meiner Entscheidung nicht einverstanden, „das ist meine Wohnung. Wenn einer geht, dann du.“

„Ja, natürlich, entschuldige bitte!“, entschuldigte ich mich. „Darf ich meine Pistole wiederhaben? Sie gehört zu meinem Handwerkszeug. Und ich habe kein Geld, mir eine Neue zu kaufen. Geschweige denn Munition.“

„Bist du ein Privatdetektiv?“

„Nein, ich bin ein Schnüffler“, nannte ich meine offizielle Drehbuchbezeichnung, steckte die Waffe in meine Tasche und ließ ihn mit seinen Zweifeln und einem Stück Zwieback, das ich ihm in den Mund schob, zurück. „Der wird einiges zum Nachdenken haben“, lächelte ich. „Wenn der erst herausfindet, wer ich wirklich bin.“

Das konnte allerdings dauern, da ich zu diesem Zeitpunkt selber noch keine Ahnung hatte, wer oder was ich war. Außer, dass ich ein Schnüffler war. Aber das konnte auch etwas ganz anderes bedeuten. Zum Beispiel hätte ich in einer Kaffeerösterei Kaffeetester sein können oder in einer Pralinenfabrik professionell Süßigkeiten naschen. Oder auch Klebstoff von einem Papiertaschentuch …

„Mir würde es gefallen, wenn du ein Papiertaschentuchtester wärst“, meldete sich der große Kerl noch einmal.

„Ich dachte, du bist abgedreht?“ wunderte ich mich und wandte mich dem Regisseur zu. „Ich denke, er ist fertig, was stellt er noch für dumme Fragen.“

„In diesem Film gibt es keine dummen Fragen“, trat der Drehbuchautor hinter dem Regisseur hervor. Trotzdem nutze ich die Gelegenheit, um gleich am gesamten Skript herumzunörgeln. „Was sollen überhaupt diese komischen Dialoge, in denen ich nicht weiß, wer ich bin? Habe ich eine Amnesie oder was? So ein cooler Typ, wie ich ihn spiele, weiß doch verdammt noch einmal, wer er ist. Und auch der riesige, zurückgebliebene Kerl“, fing ich die bösen Blicke des riesigen zurückgebliebenen Kerls auf und entschuldigte mich. „Aber das kann doch nicht angehen, dass ich als Held gerade mal einen Meter und achtundfünfzig bin.“

„So groß sind Sie nun einmal“, lächelte mir der Drehbuchautor ein wenig zu feist zu. „Und ich darf Sie daran erinnern, als man Ihnen diese Rolle angeboten hatte, haben Sie gesagt, man solle Ihnen aber die Figur auf den Leib schreiben. Und da habe ich Mass genommen.“, legte er noch eine Stufe an Feistheit in seinem Lächeln zu.

„Ich werde Sie jetzt umlegen!“

„Sie haben keine Munition in Ihrer Pistole“, zeigte er auf das Eisen in meiner Hand.

„Richtig, Sie haben das in das Drehbuch geschrieben, noch so eine Dummheit. Welcher Schnüffler hat denn kein Geld, um sich Patronen für sein Liebstes, was er auf der Welt hat, zu kaufen? Wenn man einer Blondine keine Blumen zu einer Verabredung in einem Schnellrestaurant, in dem sie selber für sich zahlt, mitbringt oder statt eines ordentlichen Schnaps mal Fusel trinkt, weil eben diese Puppe mit einem anderen Kerl durchgebrannt ist, der im Schnellrestaurant für beide bezahlt, das kann ich verstehen, aber keinen Zaster für Munition?“

„Dieser Film hat eben ein kleines Budget, und da muss man sparen, wo man kann.“, erklärte der Aufnahmeleiter.

„Ah, deshalb gibt es wohl keine Leiche und auch keinen Täter in diesem Film?“

„Ganz recht, versuchen Sie mal heutzutage eine frische Leiche zu bekommen, günstig. Können Sie vergessen. Und die Alten, die so auf dem Markt angeboten werden, sind doch zu ausgelutscht. Meist sind sie schon in einem Tatort oder in irgendeiner SOKO-Serie ermordet worden. Und dann noch in zwei oder drei Privatsendern. Bis hin zum Nachrichtenkanal. Da machen Sie mal was draus. Die kennt doch schon jedes Kind in der Republik. Und mit den Tätern, besonders den Mördern, ist es genauso. Manche von denen haben doch schon in den alten Folgen von Der *Kommissar* und bei *Derrick* getötet. Wenn Sie Glück haben, schaffen Sie es, einen Totschläger zu bekommen, der in einer Vorabendserie nur eine fahrlässige Tötung begangen hat und den man später als halbwegs glaubwürdigen Killer einsetzen kann. Nein, nein, es sind schlechte Zeiten.“, schüttelte er den Kopf und wollte sich abwenden.

Plötzlich hatte er einen Geistesblitz, dreht sich um, schlug mir erst auf die Schulter und dann vor: „Am besten Sie spielen auch gleich noch die Leiche und den Täter!“

Ich war frustriert. Eine erfundene Gestalt in einem schlechten Drehbuch. Klein von Gestalt, nicht besonders mutig, und nun sollte ich auch noch meine eigene Leiche spielen und mich selber als Mörder überführen, da ich sonst keinen Fall zu lösen hätte. Das war das Schlimmste von allem. Keine Geschichte. Wie sollte ich da nur rauskommen. Aber das kommt davon, wenn man sich mit billigen Produktionen abgibt.

Der Drehbuchautor, der Aufnahmeleiter, die anderen Schauspieler und sogar der Regisseur hatten keinerlei Interesse, diesen Film voranzutreiben. Kunststück, die hatten ja ihre Bestimmung. Sie lümmelten sich auf den hinteren, leeren Seiten des Manuskripts des Autors oder amüsierten sich auf den paar belichteten Metern Film, die wir bis dahin abgedreht hatten.

„Wenn es Ihnen recht ist, möchte ich Ihnen meine Hilfe anbieten?“

„Bitte“, lud ich einen untersetzten Mann von zirka fünfzig Lebensjahren ein, mir behilflich zu sein. „Sind Sie ein Drehbuchautor?“

„Ganz richtig. Mein Name ist Kubitsch“, stellte er sich kurz vor, äußerte sich allerdings nicht weiter zu seinem Projekt und welche Rolle er genau für mich hatte.

Ich spulte meine übliche Vita ab. Ein wenig färbte ich hier und ein bisschen fügte ich dort hinzu: „Meinen Namen kann ich Ihnen nicht nennen, da ich zur Zeit keinen habe. Ich hieß mal Müller, Meyer, Schulze, Schmidt und Peter und Gerlinde Rosenbusch. Ich habe schon viele verschiedene Charaktere verkörpert. Alle meist ohne Namen. Gute, schlechte, bösartige, hinterlistige, Weicheier und einen Gelegenheitsschönling mit Mundgeruch. Ich war ein Kellner, einer der von links nach rechts ging, der in einen Fluss fiel, in einem Fass mit Sahne ertrank und von einer Teppichkante stürzte. Dann war ich noch einer, dem die Nase ununterbrochen lief. Auch als schwangere Frau, die man auf einer Trage in ein Entbindungszimmer geschoben hatte, konnte ich Erfahrungen sammeln mit einer blonden Perücke. Blond steht mir allerdings nicht so. Lange Haare machen mich älter und ein Bart jünger.

In anderen Genres habe ich mich auch schon ausprobiert. So stellte ich einmal einen Kamm da. Sie werden nicht glauben, wer mich benutzt hat. – Ja, es war Marilyn Monroe, in dem Film, ach ich komm gerade nicht drauf. Und dann stellte ich den „Malteser Falken“ dar, im Film mit Humphrey Bogart. Eine meiner eindrucksvollen Auftritte im Film, wie man mich aus dem Zeitungspapier auspackt. Nur leider war ich nicht der echte Vogel aus Gold. Ich war eine Imitation aus Blei. Immerhin. Aber dann, im Film „Der Name der Rose“, nach Umberto Ecos Meisterroman, durfte ich so ein merkwürdiges Gebilde aus Eisen mimen, mit dem Bruder Severinus erschlagen wurde. Eine Großaufnahme von mir, kurz bevor ich auf dem Schädel des armen Mönchs zertrümmert werde und zerbrochen zu Boden falle. Gemeinsam mit Bruder Severinus. – Nein im Abspann habe ich nicht gestanden.

Eine wirklich interessante Aufgabe hatte ich“, beeilte ich mich, eine etwas größere Rolle hinzuzufügen. „mit George Clooney und Julia Roberts.“

„Oh, wie aufregend.“

„Stellen Sie sich das nicht so großartig vor“, dämpfte ich seine Begeisterung. „Ich war ein Anzug, den Mister Clooney bei einem Rendezvous mit Julia Roberts trug. Vor dem entscheidenden Moment wurde ich ausgezogen und fein säuberlich von Mister Clooney in den Wandschrank gehängt. – Nein, leider auch diesmal wurde ich nicht persönlich erwähnt.“

Ich stellte eine leichte Enttäuschung bei Herrn Kubitsch fest und fuhr mein bestes Geschütz auf: „Einmal hatte ich eine Sprechrolle. Ein gewisser Francesco de la Fantastico. Das war sein Künstlername. Es handelte sich um einen Film, der im Artistenmilieu spielt.“

„Eine Hauptrolle?“, blickte der fremde Mann mich interessiert an.

„Nein, ich war ein gehörnter Ehemann und musste zu der Hauptdarstellerin sagen: „Du bist eine falsche Schlange!“

„Aha!“, bemerkte der Herr. „Und …?“

„Nein, keine Erwähnung. Aber …“, fügte ich den Schluss meines Auftritts in dem Film an „nach der fünften Szene habe ich mich mit Tabletten umgebracht.“

„Wie erschütternd.“

Jetzt hatte ich ihn. Er wird mir die Rolle geben, dachte ich und setzte noch einen drauf: „Nur hätte es mir persönlich besser gefallen, wenn ich mir eine Kugel zwischen die Augen geschossen hätte. Verstehen Sie. Wenn schon als betrogener Ehemann will man doch wenigstens als Mann sterben.“

„Da haben Sie Recht.“, fühlte der andere mit mir. „Man wollte wohl eine große Blutlache vermeiden. Die sind durch den Gebrauch von Schusswaffen am Ende der Dreharbeiten immer so schlecht zu beseitigen.“

„Nein!“ musste ich den wahren Grund bekennen. „Es gab kein Geld für Munition. Dies scheint mein Schicksal zu sein.“ Ich zog den Revolver aus der Tasche und legte ihn auf den Schminktisch vor mir.

„Na ja“, druckste er herum, „dann wird es wohl mit uns nichts werden. Ich meine, für die Rolle, die ich Ihnen anbieten wollte. Sie sind wohl eher für das männliche Fach geeignet. Für Ehemänner und Revolverhelden.“

„Nun“„ versuchte ich mir die Chance auf eine gute Rolle nicht entgehen zu lassen, „wie ich schon erwähnte, bin ich flexibel.“

Ich bekam die Rolle, und wenn Sie das nächste Mal ins Kino gehen oder warten, bis der Film mit Robert De Niro ins Fernsehen kommt, achten Sie bitte ganz am Ende des Streifens auf die rechte Brustseite des Stars.

Die tödliche Schusswunde bin ich. Wieder nichts mit der großen Charakterrolle. Wenigstens hatte die Produktionsfirma Geld für Munition. Eine einfache Stichwunde hätte ich abgelehnt. Da spiele ich doch lieber Anzüge oder Kämme.

KONZERTBESUCH MIT ERINNERUNGSWERT

Ich hatte mich dann doch rasiert, geduscht und ein frisches Hemd angezogen. Ich hatte versprochen hinzugehen.

Das geozentrische Weltbild der Veranstaltung, ein Liedermacherabend, sah vor, dass der Künstler auf der Bühne der Mittelpunkt und das Publikum sich um ihn drehte, beziehungsweise an seinen Lippen zu hängen hatte. Der Unterhaltungswert war gleich Null.

An sich zeige ich ein gewisses Interesse an dieser Art Kunst. Doch hatte ich das, was geboten wurde, schon tausendmal gehört. Ich stehe auf dem Standpunkt: leben und leben lassen und überlegte, wie ich diesen Abend überleben konnte.

Ich klinkte mich aus und widmete mich meiner Bandscheibe, die sich gegen die Sitzgelegenheit aus Eisen und Holz, auch Gartenstuhl genannt, mit Schmerzen wehrte.

Ich gestehe es, ich langweilte mich. Ich langweilte mich zu Tode.

Mein Tischnachbar, der Verursacher meines sich langsam hinziehenden Sterbens, starrte mit Entschlossenheit auf die kleine, von drei Scheinwerfern beleuchtete Bühne. Er stützte mit dem Daumen der rechten Hand sein Kinn. Mit dem Zeigefinger derselben Hand massierte er mit leichtem Druck seine Schläfe. Wahrscheinlich um seinen Intellekt zu motivieren, aus dem belanglosem Vortrag mehr als Belanglosigkeit herauszuhören.

Vielleicht überlegte er auch nur, wie er mir nach der Veranstaltung erklären konnte, was das Ganze sollte und warum wir Geld dafür ausgegeben hatten. Ich sah mein Ende noch nicht ganz besiegelt, da die Aussicht, dass er mir einige Biere bezahlen musste, meine Lebensgeister wieder etwas auf Trab brachten.

Ich hatte schon die Falten, die der rechts und links von der Bühne hängende Vorhang schlug, gezählt. Ich wusste, wie viele Besucher Brillen trugen, wie viele Wein und wie viele Biertrinker es gab und wie viele Leute mit ähnlichen Gedanken wie den meinen in meinem Blickwinkel saßen.

Stille, Lied, Stille, Applaus, Stille, Lied, Stille, Applaus, Stille, vier Sätze, Lachen mit ein paar eingeschmuggelten Räuspern, Stille, Lied, Stille, Applaus, Stille, vier Sätze, Grabesstille mit betroffenen Gesichtern und einem Räuspern, Lied, Stille usw.

Dann platzte die Bombe.

Ein Pups, sicher unbeabsichtigt, schlug in die Stille, zwischen zwei Sätzen und einem äußerst komplizierten Griff auf der Gitarre.

Das aus dem hinteren Teil des Raumes zischelnde „Pssst“, war noch eine der gemäßigten Reaktionen auf den empörenden Angriff auf die Kunst.

Das anhaltende Gemurmel brachte den Künstler aus dem Konzept. Wo ein herzhaftes Lachen die Situation bereinigt hätte, waren jetzt die Phantasien des Publikums damit beschäftigt, über den Anschlag nachzugrübeln. Und der Attentäter mit der fehlenden Selbstbeherrschung senkte den Kopf, als erwartete er, gleich mit dem Griffbrett der Gitarre eins über den Schädel zu bekommen oder mit einer Gitarrensaite erdrosselt zu werden.

Man hätte lieber auf das Servieren von Erbsensuppe verzichten sollen. Die sicherlich, sehr schmackhaft und würzig und in ihrer Einfachheit, im wohltuenden Gegensatz zum kulturellen Programm, aber eben doch als gefährliche Waffe gegen stille Momente einzustufen war.

Drei Tische weiter, links von unserem, saß eine Frau und fixierte mich. Sie sah aus, als könne sie mich ohne weiteres mit einem Happen herunterschlucken, unzerkaut. Mir wurde unwohl.

Sie spielte mit dem heißen Wachs der Kerze auf ihrem Tisch und formte kleine Kügelchen zwischen ihren Fingern. Dabei sah sie mich ohne Unterbrechung an.

Ich bekam Schuldgefühle und überlegte, wodurch ich mich verraten hatte. Ich hatte nicht gelacht nach dem Pupsangriff. Hatte auch selber keine Geräusche mit Winden verursacht. Das Trommeln mit den Fingern und den Füßen auf und unter dem Tisch, das sonst eine liebe Angewohnheit meinerseits ist, hatteich unterdrückt worden.

Vielleicht konnte sie Gedanken lesen?

Vielleicht hatte sie in meinen Gehirnwindungen gelesen, dass ich ihren Begleiter für einen arroganten Fatzke hielt, mit ziemlich ausgeprägter Neigung zum Arschloch.

Das tat mir jetzt leid, ja ich bereute. Ich gab zu, ein Nörgler und Besserwisser zu sein.

Sie nahm ein Streichholz und steckte ihn in eines der Wachskügelchen. Jetzt erst bemerkte ich die Ähnlichkeit des Kügelchens mit meiner Kopfform.

Auch noch Voodoo.

Ich strengte meine grauen Zellen an und versuchte, die Kritik und alles Böse, was ich über die Veranstaltung und die Anwesenden gedacht hatte, hinauszudrängen und ein positives Bild an das Gehirn der Frau zu übermitteln. Ich hoffte, sie könne es lesen und mich mit ihrem Zauber verschonen.

Die Scheinwerfer gingen aus. Für den Moment war ich außer Gefahr.

Der Künstler auf der Bühne hatte seinen Vortrag beendet. Applaus und Bestellungen bei der Bedienung setzten gleichzeitig ein. Die Pause bis zum nächsten Auftritt weiterer Künstler, einem Duo, wurden zum Pinkeln und für Analysen über den Kunstschaffenden und seiner Kunst, der jetzt händeschüttelnd und mit einem Rotweinglas Bekannten und Verehrern zuprostend durch den Raum schwebte, genutzt.

Ich blieb sitzen. Mein Freund blieb sitzen. Die Voodoofrau, ihr Begleiter und der Attentäter verschwanden, und der Pupser wurde nicht mehr gesehen. Es war besser für ihn.

Ich ersparte meinem Freund demütigende Bemerkungen über sein Talent, nette Abende zu arrangieren und handelte einen Kompromiss aus. Noch eine Darbietung und dann Bier bis zum Abwinken in einer Kneipe mit normalen menschlichen Geschöpfen. Er hatte keine Wahl.

Die Gespräche wurden leiser und dann beendet. Die Stille schwappte wie eine Welle von vorn über meinen und meines Freundes Kopf nach hinten bis in den entlegensten Winkel des Zuschauerraumes. Die Frau mit den durchbohrten Wachskügelchen und ihr Fatzke bestiegen die Bühne. Oje, auch das noch. Künstler.

Die drei Scheinwerfer warfen Licht auf die Gesichter und auf die akustischen Gitarren. Jetzt, im hellen Schein, kam mir das Gesicht der Frau bekannt vor.

Stille, Lied, Stille, Applaus, Stille, Lied, Stille, Applaus usw.

Ich kramte in meinen Erinnerungen. In naher Vergangenheit war mir die Gedankenleserin und Sängerin nicht über den Weg gelaufen, das war klar. Also ging ich weiter zurück, und da mich die Musik auch nicht vom Hocker riss, hatte ich viel Zeit.

Stille, Applaus, Stille.

Namen, Orte, Begegnungen, ein Jahr nach dem anderen wurde durchgecheckt, auf eine eventuelle Begegnung geprüft und abgehakt. Ich tastete mit meinen Augen ihr Gesicht ab. Ab und zu begegneten sich unsere Blicke.

Stille, Applaus, Stille.

Wie es oft im Leben ist, kam die Erleuchtung, ohne dass das eigene Gehirn seinen Anteil an der Lösung beigetragen hatte. Es war die Augenbraue, die Linke, die sich in extrem angespannten Situationen hob und das Auge darunter größer erscheinen ließ als das andere.

Jetzt noch das Alphabet durchgehen, von A wie Anna, Angela, Angelika … Astrid. „Astrid!"

Mein Gott, das musste fast dreißig Jahre her sein!

Stille, Stille, Stille. Ich sah sie an, sie sah mich an, ich sah sie an, der Fatzke sah mich an, mein Freund sah mich an, alle sahen mich an. Was war geschehen?

Mein Freund fragte: „Wer ist Astrid?"

Peinlich, sehr peinlich. Hätte ich doch nur von der Erbsensuppe gegessen, solch ein Fauxpas wäre menschlich. Aber das! Ich erwartete den Gitarrenhals oder die Gitarrensaite. Der Fatzke hatte die Wahl der Hinrichtung. Gnade ging vor Recht, und so blieben ein paar Seitenblicke die einzige Strafe für meine Tat.

Astrid, die Voodoofrau und Sängerin, hatte kurz gelächelt. Dann setzen Sie und ihr Partner ihren künstlerischen Beitrag fort.

Stille, Applaus, Stille.

Ich fand ihre Stimme gar nicht mal so schlecht, wenn nur die Lieder nicht so uninteressant gewesen wären.

So, Astrid ist also eine Sängerin geworden. Ich dachte nach, konnte mich aber nicht erinnern, dass sie gesungen hatte. Mit dreizehn, vierzehn hatte mich das auch nicht gejuckt.

Es war zu der Zeit als die Spielzeugautos, die Legos und der Glaube, dass Röntgenbrillen wirklich funktionierten, das Zeitliche gesegnet hatten. Der Unterdrückung und Tyrannei meiner Schwester war ich entkommen, bis auf einige Ausnahmen. Aus heutiger Sicht, war es auch nicht nett, heimlich ihre Cordhosen zu tragen und auch noch Flecken darauf zu hinterlassen. Das gab Ärger!

Tut mir leid! Und so schlimm war meine Schwester gar nicht. Aber ich muss ja schließlich etwas schreiben, und tyrannische Schwestern machen sich immer gut, wenn man von der Pubertät erzählt. Und da war ich mitten drin. Und da war Astrid. Und ein Park, jenseits der Phantasien und Schweinereien, die Erziehungsberechtigte Pubertierenden zutrauen. Dieser Park lag drei Straßen und Lichtjahre von meinem Zuhause weit weg.

Alles Mögliche unter sechzehn versammelte sich dort und probte und probierte und naschte, von Bäumen und Büschen geschützt, von dem süßen Geschmack der Erkenntnis und des Erwachsenwerdens.

Astrid saß immer auf der Bank, wo die „Großen“ rauchten und wo zwei Jahre Altersunterschied einen Erfahrungsvorsprung von einem Micky-Mouse-Heft zu einem Beate-Uhse-Katalog ausmachten. Ich las Micky Mouse.

Ein etwas heftigerer Applaus holte mich in die Gegenwart zurück. War das Programm beendet? Offenbar nicht. Der Fatzke setzte zu einem neuen Werk an. Astrid wartete auf ihren Einsatz und ich sah sie mir genauer an. Gedanken lesen konnte sie nicht, das wusste ich jetzt. Sonst wäre sie damals wahrscheinlich dahintergekommen, dass ich in sie verliebt war.

Verliebt, verliebt, das ist ein großes Wort. Sagen wir genauer, alles was Röcke trug und nicht meiner Mutter oder meiner Schwester ähnelte, aber älter oder reifer war als ich, dem war ich bereit, mein Leben bis zum Sklavendasein hinzugeben. Wenn das Liebe ist, gut, dann war ich verliebt.

Es war an dem Tag, als meine alte Tante Else, damals weit über dreißig, aus Hamburg zu Besuch kam. Genauer, sie war am Vorabend mit drei Koffern, davon einer nur mit Schmink- und Pflegeutensilien vollgepackt, angereist. Das erste, was sie zu mir sagte, war: „Junge, deine Haare sind aber lang. Musst sie mal wieder schneiden lassen.“

Man stelle sich vor, meine Haare hatten gerade mal den Hemdkragen erreicht, Ohren frei und das war schon ein unheimlich harter Kampf gewesen. Hätte Tante Else mich drei Jahre später gesehen, sie hätte einen Herzschlag bekommen, wenn sie ihm nicht schon ein Jahr zuvor zum Opfer gefallen wäre. Es hieß, sie wäre zu dick gewesen.

Jedenfalls war es am Morgen des besagten Tages. Es waren Sommerferien, und ich schlief und schlief und schlief und hatte die Absicht, noch lange und tief zu schlafen. Bis die Tür zu meinem Zimmer aufging und etwas mich wachrüttelte, das durch zugekniffene und von Träumen verklebte Augen aussah wie Tante Else.

Heute würde ein junger Mensch ausrufen: „Bist du noch zu retten, verzieh dich!“ Aber das war unmöglich. Worte und verstümmelte Sätze wie: „Aufwachen, Morgenstund hat Gold im Mund, Frühstück machen, kannst auch mal deinen Eltern helfen.“, drangen an mein Ohr. Meine Lippen konnten lediglich das Wort „Ferien“ formen, sonst kam aus dem trockenen Mund nichts heraus.

Tante Else schien den Begriff nicht zu kennen und rüttelte und schüttelte, als sei ich ein Apfelbäumchen. Als meine Augen bereit waren, sich zu öffnen und es taten, sah ich auf einen riesigen Busen über mir und erschrak heftig.

Tante Else trug ein fast durchsichtiges Nachthemd.

Warum tat sie mir das an? Ich war unschuldig! Ich war in der Pubertät!!

Nein! Obwohl ich schon sagte, dass ich bereit war für Formen, und für weibliche im Besonderen, war mir diese Aussicht doch etwas zu üppig, und ich täuschte einen Schlafrückfall vor.

Tante Else entfernte sich mit einem „nun mal los“ in die Küche und ließ mich in meinen Schockzustand zurück. Hätte ich auch nur geahnt, dass ich an demselben Tag etwas erleben würde, das mir den Glauben an Formen wieder geben würde, ich wäre nicht so verzweifelt gewesen.

Ich riss mich zusammen und half der Tante, die jetzt einen Morgenmantel trug, Frühstück machen. Die

Eltern freuten sich, nur meine Schwester warf mir einen misstrauischen Blick zu, der soviel sagte wie: „Was ist los mit dir, hast du Scheiße gebaut, oder was soll dieses Anbiedern?“

Nach dem Mittagessen desselben Tages flog ich frei wie ein Vogel in die Ferien und zu dem schon beschriebenen Park. Niemand war da. Nur ein alter Mann auf einer Bank. Aber da dies ein Platz für Menschen bis maximal sechzehn war, zählte er nicht. Ich ging an seiner und der Bank für Beate-Uhse-Katalog-Leser vorbei und setzte mich auf die, die für meine Kaste vorgesehen war. Es war ein warmer Sommertag. Ich streckte die Beine aus und wartete auf das, was passieren musste. Es passierte.

Aus dem Eingang des Parks auf der anderen Seite schlenderte jemand quer über die Wiese, die Sonne im Rücken, auf mich zu. Der Alte pöbelte lautstark: „Kannst du nicht lesen, betreten der Rasenfläche verboten?! Diese Jugend, kein Benehmen! Zu meiner Zeit! Ja, früher, da …!“ Seine Ermahnungen und Drohungen verhallten ungehört im Rund des Parks.

Da mich die Sonne blendete, erkannte ich die Person, die auf mich zu kam, erst ein paar Meter bevor sie vor mir stand. Es war Astrid.

„Na, wie geht’s?“ Sie sprach mich an und ich glaubte, sie verwechselte mich. Doch als sie meinen Namen nannte, verstärkte sich das Brausen in meinen Ohren. Und ich musste meine gesamte Konzentration bündeln, um mich selber reden zu hören.

„Was wollte denn der Alte von Dir?“, fragte ich, um äußerste Lässigkeit bemüht, obwohl ich wusste, was er zu ihr gesagt hatte.

Sie setzte sich neben mich. Natürlich auf die Lehne der Bank, die Schuhe auf die Sitzfläche. Ich sah kurz zum Alten hinüber, sah nur, wie er mit dem Kopf schüttelte, und hops war ich auch auf der Lehne.

„Der meckert den ganzen Tag. Wohnt bei uns nebenan“, sagte Astrid.

Wir sprachen über dies und das, über den Einen und Anderen, dass sie nicht verreisen würde, ob ich Zigaretten hätte, hatte ich nicht, und so kamen wir auf das Thema Beziehungen. Sie ging mit keinem Typen von der Beate-Uhse-Bank, das war mir klar. Es musste einer aus der anderen Welt sein, ein Erwachsener. Bestimmt kam daher diese offene Art über Dinge zu sprechen, die ich als extrem unangenehm empfand. Sie quetschte mich aus wie einen reifen Käse, und aus meinem Mund tropften und rannen schließlich immer mehr Informationen, die ich nicht mal meinem engsten Freund erzählen konnte. Vielleicht war Gedankenlesen doch eine Gabe, die sie besaß. Jedenfalls fragte und erfuhr sie, genau die Dinge, die mein Inneres beschäftigten. Sie war knapp anderthalb Jahre älter als ich.

Wir verbrachten eine Stunde damit, über mich und meine Pubertät zu reden, ohne dabei das Wort oder dessen Bedeutung zu erwähnen. Als ich schließlich die morgendliche Begegnung mit Tante Else erwähnte, spürte ich, wie das Blut in meinem Gehirn anfing, kleine Äderchen zum Platzen zu bringen. Plopp, plopp, plopp!

Ich war bereit, in die Hölle hinab zu fahren, zu dem, der mich trieb, Astrid von Tante Elses Oberweite zu erzählen.

Sie blieb gelassen. Nur ihre Augenbraue zeigte eine Reaktion.

Der Alte war verschwunden. Die Bäume und Sträucher im Park rauschten durch den aufkommenden Wind. Das Rauschen in meinen Ohren hatte sich in ein Klingeln von Glöckchen verwandelt. Ich hatte, mit einem leichten Schwindelanfall, einen Kuss von ihr empfangen und war angenehm überrascht, was für gymnastische Bewegungen eine Zunge, wenn sie auf eine andere traf, zustande brachte.

Astrid war offenbar von einer unsichtbaren Macht dazu bestimmt, mich um den Verstand zu bringen. Sie knöpfte langsam ihre seidene, mit Blumen verzierte Bluse auf und ließ mich, einen Schritt weit entfernt von einer kompletten Ohnmacht, den Glauben an Formen wiederfinden. Es war eine Form für die ich, Tante Else möge mir verzeihen und in Frieden ruhen, wenn ich sie jeden Morgen beim Aufwachen als erstes hätte sehen dürfen, freiwillig, bis ans Ende meiner Tage bereit gewesen wäre, Frühstück zu machen. Selbst für meine Schwester.

So vollkommen, so unglaublich perfekt, wie ein von einem Pinselstrich in zarten Farben geschaffenes, wie von Künstlerhand aus Marmor gemeißeltes Werk, standen ihre Brüste vor meinen Augen. Ich konnte mich nicht satt sehen. Noch Jahre später zehrte ich in unruhigen Nächten von diesem Bild.

Aus den klingenden Glöckchen in meinem Kopf wurde Glockengeläut. Astrid hatte meine Hände auf den Marmor gelegt, der nicht kalt, sondern warm wie eine Wärmflasche war.

In diesem Augenblick war ich so weit, ihr meine Liebe zu gestehen und ihr mein ganzes Leben zu Füßen zu werfen. Und das war ehrlich gemeint.

Sie knöpfte die Bluse wieder zu und lächelte. Ich möchte nicht wissen, was mein Gesicht für einen Ausdruck trug. Wahrscheinlich einen, der irgendwo zwischen selig und blöde lag.

Astrid sprang mit einem Satz von der Bank herunter.

Ich nahm langsam die Umwelt wieder wahr und spürte meinen Hintern auf der Kante der Bank. Ich saß und hätte doch geschworen, etwa zehn Zentimeter über den Dingen zu schweben. Außer uns beiden war der Park immer noch leer. Waren Stunden vergangen? Wohl kaum.

Astrid ging. Ich sah ihr nach, wie sie über die zu betreten verbotene Wiese den Park verließ und fragte mich, was das Ereignis für Konsequenzen hatte. Würde sie ihren Freund für mich verlassen? Wäre sie fähig, mein Feuer einfach lodern zu lassen und zuzusehen, wie ich verbrenne? Die Glocken gingen im Rauschen, das wieder einsetzte, unter.

Der Applaus und die stehenden und sich verneigenden Künstler und das ausgehende Licht auf der Bühne erklärten den Vortrag als beendet.

Astrid und der Fatzke, den sie als ihren Mann vorstellte, ein Doktor der Medizin, setzten sich an unseren Tisch. Es wurde in Erinnerungen gekramt, woher und wann man sich kannte. Ich kramte zum Schein mit und bemühte mich um äußerste Lässigkeit.

Ach ja, stimmt, waren wir da noch jung. Der Park wurde erwähnt. Ich schwankte zwischen einer gewissen Angst, Astrid könnte die Angelegenheit auf der Bank erwähnen und einem leichten Ärger, dass sie mich im Park so einfach verlassen hatte. Nur ein Lächeln und eine hochgezogene Augenbraue kommentierte unser Geheimnis.

Ihren Mann, den Doktor, den Fatzke, der sich als ganz nett entpuppte, kannte sie schon aus dieser Zeit.

Sie waren damals schon ein Paar. Sie war fünfzehn, er siebzehn und erwachsen.

„Mein Mann und ich haben eine eigene Praxis. Musik ist nur ein Hobby von uns“, erklärte Dr. med Astrid und „vielleicht sieht man sich mal wieder.“

Noch vor dem nächsten und letzten Künstlerauftritt verließen mein Freund und ich die Veranstaltung.

Meine Entschädigung für diesen Abend, das Bier in unserer Stammkneipe, wollte nicht so richtig schmecken. Ich war auch kein guter Gesprächspartner.

Mir gingen viel zu viele Dinge durch den Kopf. Jugend, Tante Else, ältere und neuere Liebschaften, Glück, Schmerz, der Park, den ich unbedingt mal besuchen wollte, der Alte, der wohl längst ausgemeckert hatte. Marmor, der sich wie eine Wärmflasche anfasste, meine Schwester, die ich mal wieder anrufen sollte, und Astrid, die übrigens Sigrid hieß! Nicht Astrid. Sigrid.

EINE WEIHNACHTSGESCHICHTE

Ich hatte Mühe, die schwere Kirchenpforte zu öffnen. Schließlich schlüpfte ich durch das Portal und trat in den Vorraum. Eine ältere Frau kam auf mich zu und musterte mich mit einem Blick, der alles andere als Sympathie ausdrückte. „Sie wünschen?“

Der erste Satz, der mir als Antwort auf diese doch merkwürdige Frage an einen Besucher einer Kirche auf den Lippen lag ging ungefähr so: „Ich möchte Gott besuchen, ist er zu Hause?“

Diese Antwort verkniff ich mir und rückte sofort mit der Wahrheit heraus. Freundlich und den quälenden Zustand, so gut es ging, unterdrückend fragte ich: „Dürfte ich wohl mal ihre Toilette benutzen?“

Zum Zeichen meiner Ortsunkenntnis sah ich mich nach einer entsprechenden Tür, mit einer entsprechenden Kennzeichnung um. Da folgte die nächste verblüffenden Bemerkung der, jetzt konnte ich mit Fug und Recht sagen, unfreundlichen Alten: „Die Toilette ist da, wo sie immer war!“

„Große Klasse, du alte Schachtel“, sagte ich nicht und quetschte stattdessen „wo bitte ist die Toilette, ich war noch nie an diesem überaus gastfreundlichen Haus“ zwischen den Zähnen heraus.

Sie legte für einen Moment den Kopf schief, als hätte sie meine doppelzüngige Bemerkung sehr wohl verstanden und streckte dann ihr warziges Kinn in die Richtung, in der wohl der Ort der Erlösung lag.

Aus dem Kirchenschiff drang Musik an mein Ohr. Orchester mit Chor. Oder Chor mit Orchester.

Als ich erleichtert zurückkam, saß die Portjesche, so jedenfalls hatte sie sich in meinen Augen aufgeführt, hinter einem Tisch in der Nähe des Portals. Ein Mann hatte sich zu ihr gesellt. Ob jung oder alt war mit nicht ersichtlich, da er mit Bart, mit Vollbart, und mit Rollkragenpullover und Cordhosen bekleidet, keine Altersschätzung möglich machte. Jetzt sahen mich zwei finstere Augenpaare an.

In dem Toilettenspiegel war mir aufgefallen, dass ich unrasiert war und der Kälte trotzend den Mantelkragen hochgeschlagen hatte. Aber mussten die beiden mich gleich für einen Verbrecher halten, der ihnen die Klingelbeutel rauben und / oder ihre Schäfchen verführen wollte?

Jetzt nahm ich die Musik wieder wahr. Gesang, Chorgesang. Orchestereinsatz aus dem Kircheninneren. Ich trat an den Tisch der Grießgräme und erkundigte mich nach dem Programm des Abends. Wortlos schob mir das Vollbartgesicht ein Programm rüber.

„Geben Sie mir eine Karte" und ein durch die Zähne gekniffenes „bitte", brachten mich in den Besitz eines länglichen grün mit schwarzen Buchstaben bedrucktem Passierscheins, auf dem die Worte „Weihnachts-Oratorium" und der Name „Johann Sebastian Bach" zu lesen standen, den die unfreundliche Alte auch gleich in zwei Teile entwertete und mir mit offensichtlicher Abneigung die Tür zum Kirchenschiff öffnete. Sie hielt den Zeigefinger an den Mund und zischte ein „Pssst", das so laut war, da es genau in eine Gesangspause des Chores fiel, dass sich alle Köpfe nach der Eingangstür umdrehten und so von meiner Ankunft Notiz nahmen. Natürlich schüttelten sich einige Köpfe beim Zurückdrehen, und ich ließ mich schleunigst auf einer der hinteren Bänke nieder. „Gut gemacht!“, dachte ich mir und ließ das „du alte Hexe“ leise in meinen Gedanken ganz hinten verschwinden. Schließlich war ich im Hause Gottes.

Die hinteren Bänke waren nur von wenigen Menschen besetzt. Das Konzert war nicht ausverkauft.

Die Hexe war mit mir in die Kirche gekommen und hatte sich auf der anderen Seite auf eine Bank gesetzt und beobachtete mich.

Der Chor und das Orchester hatten wieder eingesetzt und schmetterten mit Trompeten und Posaunen, als ginge es, gegen die Hunnen in den Krieg zu ziehen.

Nun öffnete ich meinen Mantel, zog den Schal vom Hals, streckte die Beine von mir, so gut es in den engen Zwischenräumen der knarrenden Kirchenbank ging und machte es mir auf dem harten Holz bequem. Die Musik füllte die hohe Kuppel und fiel seicht auf mich herunter. Allerdings waren es keine Töne sondern Kalk. Ich hoffte inständig, dass die zu erwartenden Paukenschläge, der Pauker setzte gerade an, nicht die Kirche zum Einsturz bringen würden.

Da vertrieb ein Tippen auf meine Schulter meine Angst vor dem Verschüttetwerden.

„Sie sind gekommen.“

Ich wandte meinen Kopf auf die linke Seite zur Bank hinter mir und ließ ein fragendes und gleichzeitig bestätigendes „ja?“ vernehmen.

„Ich wusste es, ich habe es gefühlt.“

Der, der wusste und fühlte, schob sein Gesicht nach vorne, dicht an meines heran und flüsterte: „Es ist einer dieser Tage, an dem man schon beim Aufstehen spürt, dass etwas geschehen wird, dass ein Mensch in sein Leben tritt, auf den man schon so lange gewartet hat.“

„Sind Sie sicher, dass Sie auf mich gewartet haben?“

„Ja, ich bin mir ganz sicher! Heute Mittag habe ich das Zeichen empfangen.“

„Heute Mittag schon?“

„Ja, es war eine Stimme im Radio, die zu mir sprach.“

„Aha, da waren Sie sicherlich nicht der Einzige. Je nach Programm können da schon mal mehrere Hunderttau…“

Der Mann legte mir die Hand auf die Schulter und übte einen leichten Druck aus. Ich schob die Hand sanft aber bestimmt weg und teilte ihm mit, ich könnte solch engen Körperkontakt nicht leiden. Er entschuldigte sich.

In seinem Gesicht, das mager und etwas ausgemergelt aussah, aber nicht ungepflegt wie mein bärtiges, glaubte ich ein gewisses Leuchten zu erkennen. Seine Körperstatur konnte man getrost als spindeldürr bezeichnen.

„Ich bin gesandt worden.“

„Ach wirklich.“

„Ja, vom großen Geist.“

„Was Sie nicht sagen!?“

„Ich bin gesandt, um die Welt vom Übel zu befreien.“

Jetzt wurde ich unruhig und rutschte ein wenig von ihm ab. Man hörte in letzter Zeit einiges von Verrückten, die gewalttätig sind, und, ganz ehrlich gesagt, ich hatte keine Lust dazu, am nächsten Tag etwas über mich in der Zeitung lesen oder in einem Fernsehboulevardmagazin schlimme Bilder von mir zu betrachten, wie man mich auf einer Bahre mit einer Decke über meinem Körper aus der Kirche trägt. Und dann würden die Kameras die Kreidezeichnung von den Umrissen meiner sterblichen Überreste zwischen den engen Kirchenbänken zeigen, um die kleine schwarze Schilder mit gelben Nummern darauf platziert wurden. Kriminalbeamte würden sich durch die engen Bänke zwängen und nach Spuren suchen. Ich überlegte, ob ich am Morgen geduscht und frische Unterwäsche angezogen hatte. Ich hatte. So konnten wenigstens die Leichenbeschauer ihre doch schon recht unschöne Arbeit verrichten, ohne auch noch unter schmutzigen Unterhosen zu leiden. Und mir würde diese Peinlichkeit erspart bleiben.

Er schien meine Unsicherheit bemerkt zu haben und beruhigte mich: „Verstehen Sie mich nicht falsch, ich bin nicht Christus.“

Das beruhigte mich allerdings und dadurch ermuntert gestand ich ihm meinerseits: „Sie sehen mir, ehrlich gesagt, auch nicht aus wie ein Christkind, und Heiligabend ist erst in acht Tagen!“

„Der Geist, der mich geschickt hat, kennt keine Religionen und Götzenbilder. Er kennt nur die Liebe und die Gerechtigkeit.“

Das hörte sich ja schon mal gut an. Ich konnte fürs Erste ein Gewaltverbrechen an meiner Person ausschließen.

„Ich werde zu den bösen Menschen gehen und ihnen die Hand auf die Stirn legen.“

Bei diesem Stichwort fiel mir die Alte auf, wie sie zu uns herübersah und uns fixierte. „Vorne spielt die Musik“, übermittelte sie mir telepathisch und ich wendete meinen Kopf von dem Mann hinter mir, und indem ich vorgaukelte, mich für die Aufführung zu interessieren, zischelte ich zurück: „Zu den bösen Menschen? Wen meinen Sie?“

„Diktatoren!“

„Ahh, verstehe. Und die bringen Sie mit Handauflegen dazu, nicht mehr böse zu sein und ihr Diktatorendasein zu beenden?!“

„Ja.“

Er schickte sich an, dieses an meiner Stirn zu demonstrieren. Ich hielt ihn mit einer einfachen Bewegung des Armes davon ab.

Schließlich war ich ja auch gar kein Diktator. Auch, um weitere Berührungen zu vermeiden, versicherte ich, dass ich überzeugt wäre, dass er dies könne. Allerdings sähe ich gewisse Probleme und Schwierigkeiten, diesen Herrschaften einen Besuch abzustatten. „Wie wollen Sie diese Leute erreichen?“

„Ich gehe einfach hin und bringe sie zur Vernunft.“

„Einfach so?“ Ich schnippte mit den Fingern. Genau in diesem Moment, wie abgepasst, machte das Orchester und der Chor eine Erholungspause. Wieder drehten sich Köpfe zu mir und die Alte wechselte, geschmeidig wie eine Katze, von ihrer Seite auf die unsere und spritze Gift, so in der Art: „Wenn Sie nicht ruhig sind, muss ich Sie auffordern, die Kirche zu verlassen!“

Rums, das hatte gesessen. Sie hätte mir auch gleich den Arm auf den Rücken drehen und mich gemeinsam mit ihrem bärtigen Freund in seinen Cordhosen im Polizeigriff aus dem Gebäude werfen können.

Ich nickte ihr freundlich lächelnd zu und gelobte Besserung. Dann nahm ich mir vor, sobald sich der Pulverdampf verzogen hatte, den Erlöser hinter mir zu bitten, die Alte in seine Weltbefriedungsaktion miteinzubeziehen.

Der Zufall, oder wie auch immer man es nennen will, kam dem Erlöser zuvor und trat in Gestalt des Pfarrers an die Alte heran. Er hatte auf leisen Sohlen das Kirchenschiff betreten und forderte meine Überwacherin auf, ihm zu folgen. Nochmals nickte ich ihr freundlichst zu und erntete prompt, was ich gesät hatte. Außerdem setzte sie die Cordhose auf mich an und gab, bevor sie den Raum verließ, Instruktionen, die sicherlich mich betrafen. Dann folgte sie dem an der Tür wartenden Pfarrer.

Das Bartgesicht nahm seine Aufgabe sehr ernst und glotzte derart zu mir herüber, dass ich schon befürchtete, ihm würden bald die Augen trocken werden und schmerzen. Und richtig. Er begann wie wild zu blinzeln.

„Du bist ja nun wirklich kein Gegner!“, verspottete ich ihn, in dem ich ihn so platt angrinste, als würde auf meiner Stirn geschrieben stehen: „Du bist ja nun wirklich kein Gegner!“

Jetzt tippte mir auch der Erlöser wieder auf die Schulter und wollte die Unterhaltung mit mir fortsetzen. Eigentlich war mein Interesse an seinen Ausführungen geschwunden, und da sich die Bedrohung mit kurzer Dauerwelle und in unmodisch gewordenen Frauenkleidern erledigt hatte, war ich geneigt, dem Musikgeschehen zu folgen. Schließlich hatte ich Eintritt bezahlt, und die Künstler hatten etwas Besseres verdient, als von mir mit Unaufmerksamkeit gestraft zu werden.

„Ich muss die Welt retten!“

Jetzt musste er auch noch die Welt retten, und ich wäre schon zufrieden gewesen, wenn ich diesen Abend hätte retten können.

„Wie wollen Sie zu den schlimmen Buben in dieser Welt gelangen? Sie gehen einfach hin und legen ihnen die Hand auf die Stirn, ja?“

„Ja, einfach so.“ Er strahlte über das ganze Gesicht. Selbstbewusstsein hatte er ja, musste ich einräumen, aber um seine Illusionen zu zerstören, merkte ich an: „Aber manche Diktatoren haben Armeen und bewaffnete Truppen, die sie schützen. Wie wollen Sie verhindern, dass einer von diesen Typen Ihnen die Luft aus ihrer Fantasiewelt lässt?"

Die letzte Bemerkung überhörte er und sagte, nachdem er sich nach allen Seiten vergewissert hatte, dass niemand außer mir seinen Ausführungen lauschte: „Ich bin unsterblich."

Au Backe. Das war es jetzt. Ein wunderschönes Solo der ersten Geige schmeichelte sich in meinen Unmut. Das Blut, das sich verstärkt durch meine Arterien hinauf in den Teil des Kopfes pumpte, der für den Ärger zuständig ist, versuchte ich mit der Versicherung zu beruhigen, dass alles halb so schlimm sei, und ich versprach, einem drohenden Gehirnschlag vorzubeugen, indem ich von diesem Weltretter abrückte.

Ich rutschte auf der Holzbank zur Seite, ganz an den Innenrand der Kirche, hinter einen Pfeiler. Das Positive an der Aktion war, dass mich der Aufpasser der Alten nicht so leicht beobachten konnte und sie auch nicht, wenn sie wiederkommen würde. Das Negative war, dass der Typ dachte, ich wolle mit ihm ungestörter sein. Er rutschte auf der Bank hinter mir hinterher. Jetzt hatten wir die gleiche Position wie vorher. Er hing hinter mir in meinem Rücken wie eine Klette.

„Glauben Sie mir, man kann mich nicht töten, ja nicht mal verletzten, hier, kneifen Sie mich."

Er hielt mir seinen Unterarm hin.

„Nein, das werde ich nicht tun."

„Na los, machen Sie schon, ich spüre keinen Schmerz."

Von der Kirchendecke hing in der Mitte der Kirche, ein großer, glänzender Weihnachtsstern herunter. In seinem Spiegelbild konnte ich die Eingangstür hinter mir sehen, und in derselben erkannte ich die alte Hexe. Sie war wieder in den Raum getreten und blieb an der Tür stehen. Sie suchte nach mir, konnte mich aber dank der Säule nicht sehen. Ich feixte mir einen, da ich sie dagegen die ganze Zeit im Spiegel des Sterns sehen konnte.

Ich hörte sie förmlich sagen: „Freundchen, glaubst du, ich bin auf den Kopf gefallen?“

So oder so ähnlich mussten ihre Gedanken sein. So ließ mich ihr triumphierendes Grinsen vermuten, das jetzt der spiegelnde Weihnachtsstern wie ein Satellit übertrug. Sie fixierte mich und den Unsterblichen mit zugezogenen Augenbrauen, schabte mit dem Fuß auf dem Boden und war schon auf dem Sprung.

„Sie können so kräftig kneifen wie Sie wollen, ich spüre nichts.“ Er hielt mir weiter seinen Unterarm hin.

„Hören Sie“, flüsterte ich ihm zu, „ich fliege gleich hier raus. Die Alte hat mich schon die ganze Zeit auf dem Kicker. Lassen wir dieses Spielchen, okay?“

Er ließ nicht locker.

„Kommen Sie, kneifen Sie mich.“

„Nein.“

„Doch.“

„Um nichts in der Welt.“

„Doch.“

„Nein.“

„Machen Sie schon!“

„Nein.“

Ich kniff und er biss sich vor Schmerz auf die Unterlippe. Ein Säugling hätte das ausgehalten.

„Sehen Sie, es macht mir nichts aus“, log er.

„Na schön.“

Im Weihnachtsstern konnte ich die Hexe und ihren buckligen Gehilfen miteinander tuscheln sehen. Er hatte natürlich keinen Buckel, aber wer so gemein ist, hat eben einen Buckel. Zumindest einen gedachten. Was die wohl wieder ausbrüten, grübelte ich.

„Ich habe es vor ein paar Wochen bemerkt“, erklärte mir der Unsterbliche, und aus dem Augenwinkel konnte ich sehen, wie er sich den Arm an der Stelle rieb, wo ich gekniffen hatte. Und dann, als hätte er erraten, was ich dachte: „Und glauben Sie nicht, ich sei verrückt.“

„Seien Sie mir nicht böse“, musste ich ihn enttäuschen, „aber ich glaube sehr wohl, dass Sie verrückt sind. Ziemlich stark sogar, wenn Sie mich fragen.“

„Nein, nein, das glauben Sie nicht, es klingt eben sehr unwahrscheinlich, Sie brauchen Zeit, sich daran zu gewöhnen. Es ist immer so mit Dingen, die man sich nicht gleich rational erklären kann.“

„Was suchen Sie, Jünger?“

„Ich suche Menschen, die mir helfen meine Botschaft zu verkünden und meine Aufgabe zu erfüllen. Wenn Sie sich als Jünger bezeichnen möchten, bitte sehr.“

Irgendwie klang sein Spruch pampig, und ich dachte kurz daran, ihn noch einmal zu kneifen. Aber ich fragte ihn: „Wie soll *ich* Ihnen helfen können?“

In diesem Augenblick vernahm ich in der Ferne einen summenden Ton, der immer mehr anschwoll und nichts mit dem Orchester zu tun hatte. Dann war es da.

Aus einem kleinen Doppeldecker Flugzeug, das brummend und knatternd meinen Kopf umkreiste, sah eine meiner grauen Zellen heraus und zeigte, mit wild gestikulierenden Armen, auf das Heck der Maschine, an dem ein Transparent angebracht war. Auf dem stand in großen Buchstaben: HAST DU NOCH ALLE TASSEN IM SCHRANK?

Gerne hätte ich der Zelle, die, mit einer Flugkappe und einer Flugbrille auf dem Kopf, mir einen Vogel zeigte, entgegen gehalten, dass sie ja wohl mit für mein Gehirn und mein Denken verantwortlich sei, musste aber einräumen, dass sie recht hatte. Warum um alles in der Welt hatte ich ihm diese Frage gestellt? Sie war ja buchstäblich die Aufforderung, mich in seine Pläne einzuweihen. Doch es war zu spät um auszusteigen. Schon fing der Erlöser an, mir seinen Plan zu erläutern.

„Als erstes müssen wir einen integren Menschen auf unsere Seite bringen und ihn von meinem Auftrag überzeugen. Am besten den Bundespräsidenten."

„Nichts leichter als das", kommentierte ich seine Ausführungen, und ich sah vor mir, wie wir beide zum Schloss Bellevue pilgern und der Unsterbliche die Wachmannschaft des Bundesgrenzschutzes dazu bringen würde, uns gnadenlos zusammenzuschlagen oder uns gleich mit ihren Maschinenpistolen über den Haufen zu schießen. Die würden sich nicht so an der Nase herumführen lassen wie ich.

„Er wird das Bundeskanzleramt überzeugen und dieses dann die Medien. Eine erste Pressemitteilung läuft dann um zwanzig Uhr in der Tagesschau. Über die Medien verbreitet sich dann die Botschaft über die ganze Welt."

„Im Zeitalter des Internet gar kein Problem."

„Natürlich, das ist eine gute Idee." Er stimmte meiner Anregung zu, und ich versank tiefer und tiefer im Ärger über mein Unvermögen meine Klappe nicht halten zu können.

„Das mit dem Internet übernehmen Sie. Ja?"

Ich nickte stumm und sah mir an wie die Hände der Solosängerin ihr Notenbuch hielten.

Würde sie doch ihre schlanken Finger um meinen Hals, nein, besser um seinen Hals legen. Ich hätte Ruhe. Er erklärte mir den nächsten Schritt für seine Weltbefriedung.

„Wenn die Welt von mir und meiner Botschaft erfahren hat, wollen einige Skeptiker sicherlich Beweise für meine Fähigkeiten."

Nun, davon konnte man ausgehen. Ich stellte mir vor, wie er vor der UNO sprechen würde und nacheinander kommen die Delegierten aus der Vollversammlung und kneifen ihm in den Arm. Musste das blaue Flecken geben.

„Sie fragen sich sicherlich, was passiert, wenn ein Diktator oder sonst ein böser Tyrann, nachdem ich die Hand auf seine Stirn gelegt habe, nicht freiwillig abtritt. So etwas wird vorkommen.“

Er schien darauf zu warten, dass ich die Frage stellte. Ich dachte nicht daran. Er antwortete aber auch so.

„Wenn Handauflegen nicht hilft, muss ich größere Kräfte einsetzten. Sie müssen wissen, dass ich nicht nur unsterblich, sondern auch der stärkste Mensch der Welt bin.“

Das hätte mich aber auch überrascht, wenn dies nicht der Fall gewesen wäre.

„Ich werde natürlich gezwungen sein, meine Macht an einem Despoten zu demonstrieren, sozusagen als Abschreckung, werde aber darauf achten, keinen Menschen ernsthaft zu verletzten. Es sei denn, er würde keine Einsicht zeigen.“

Das war akzeptabel.

„Wenn ich dann die Diktatoren befriedet habe und Demokratien die Länder regieren, installiere ich eine neue Weltordnung.“

Wie sollte die wohl aussehen?

„Als erstes konstituiere ich ein Weltparlament, in dem alle Menschen das Wahlrecht haben. Dazu kommt ein Rat der Weisen. Die besten, intelligentesten, erfahrensten Männer und Frauen aus der ganzen Welt beraten mich bei meinen weiteren Entscheidungen.“

Applaus holte mich von der UN-Vollversammlung und aus einem Regierungspalast, den man für ihn errichten und in dem er seine Weisungen an die Welt ausgeben würde, in die Gegenwart zurück. Pause.

„Ich muss mal pinkeln, entschuldigen Sie!“, sagte ich und erhob mich von meinem Platz.

„Ja, sicher, das verstehe ich. Gehen Sie nur. Ich selber habe dieses Bedürfnis nicht.“

Er musste nicht pinkeln? War er überhaupt noch ein Mensch? War er jemals ein Mensch gewesen oder war er durch eine künstlich, geistige Befruchtung auf die Welt gekommen, die er jetzt erlösen sollte? Ich war froh, dass er nicht mitkam.

So strebte ich der Toilette zu, ich wusste ja jetzt wo sie war, und stellte mich artig in die Reihe der Wartenden. Sollte ich die Veranstaltung klammheimlich verlassen und mich aus dem Staub machen? Nein, ich wollte mich nicht von so einem Spinner vertreiben lassen. Spinner? Was war schon so schlimm daran, an seinen Fantasien? Irgendwie war mein Interesse gestiegen zu erfahren, wie sein Weltverbesserungsplan weiter geht. Dass, während ich mich in das Becken erleichterte, die graue Zelle in ihrem Flugzeug auftauchte und dumme und überflüssige Bemerkungen machte, hielt mich nicht davon ab, wieder in die Kirche zurückzugehen und mich auf meinen alten Platz zu setzten. Doch welche Überraschung erwartete mich, als ich mich an der alten Hexe erfolgreich und unbemerkt vorbei in das Kirchenschiff geschmuggelt hatte? Da saß ein mir fremder Mensch auf meinem Platz. Und was noch schockierender war, der Erlöser saß hinter ihm und hatte die Hand auf dessen Schulter.

„Jetzt schlägt’s dreizehn“, dachte ich, das darf doch wohl nicht wahr sein!

Der Neue, ungefähr mein Alter und mit einer Brille auf der Nase und einem kleinen Knie auf dem Kopf, sah recht normal aus. Sollte ich hingehen und ihn warnen?

„Sie müssen sich hinsetzen, das Konzert geht weiter.“

Diese Stimme kannte ich, diese Stimme fürchtete ich, diese Stimme ließ meine Eingeweide gefrieren wie nicht aufgegessener Eintopf, den man sich für die nächsten Tage aufheben will und in den Gefrierschank tut. Ein schneller Seitenblick, ein Zweieinhalbsekundenlächeln und ich hatte mich in die vorletzte Reihe harter, enger Kirchenbänke gezwängt. Vier Bänke vor dem Erlöser, der mir jetzt seinen Rücken präsentierte. Um seinen Worten weiter zu lauschen saß ich zu weit entfernt. Zu dumm. Die Hexe hatte sich in die gleiche Bank gesetzt und starrte unverfroren zu mir herüber. So war ein sofortiger Stellungswechsel nicht möglich. Ja, Herrgott noch mal, hatte sie nichts zu tun? Musste sie nicht auf ihrem Besen irgendwohin reiten und Gezänk unter die Menschen bringen? Hatte sie keine eigenen Kinder oder Enkel, die sie terrorisieren konnte?

Langsam wurde es in der Kirche still. Ein allgemeines Räuspern schwoll an, und die ein oder andere verschnupfte, verschmutzte Nase wurde noch schnell mit einem von diesen praktischen Papiertaschentüchern gesäubert. Ich selber kramte in meinen Taschen nach einem Pfefferminz, fand eine Rolle, entkleidete ein Bonbon von Silberpapier und hielt keck die Rolle zu der Alten rüber. Jetzt hatte sie meine Anspielung verstanden und lenkte ihren Blick nach vorn, zum Dirigenten, der den Taktstock hob. Die Musik setzte ein.

Kurz nach der Einleitung und vor dem Einsatz des Chores kam der Cordhosenträger herein. Er gesellte sich zu der Hexe, stellte sich vor sie hin und flüsterte ihr gebückt etwas zu. Sie schüttelte den Kopf. Cordhose fragte nach. Sie schüttelte noch einmal den Kopf. Er fragte wieder nach und jetzt warf sie ihm einen Blick zu, der mir sehr wohl bekannt war und – damit hatte ich nun nicht gerechnet, – sie zeigte ihm einen Vogel.

Upsala, das ging so schnell, dass ich gerne eine Slowmotion gehabt hätte. Sie sah kurz zu mir und versuchte abzuchecken, ob ich etwas von ihrer Tat mitbekommen hatte?

Ich hatte.

In diesem Augenblick wusste ich, dass ich ein Gewinner war. Und sie wusste in diesem Augenblick, dass ich ein Gewinner war. Nur Vollbart-Cordhose kam aus dem Mustopf und hatte keinen blassen Schimmer was vorging. Er glotzte blöde.

Die Hexe schickte ein Lächeln. Na also, geht doch. Ich lächelte zurück und rutschte gleichzeitig ans andere Ende der Bank um flink wie ein Wiesel nach vorne drei Bänke weiter zu wechseln. Ein kurzer Blick zu der Alten, und ich bekam von ihr Absolution. Dann stand sie auf und folgte Cordhose–Backenbart in die Vorhalle. Ich hatte gewonnen! Ich war frei!!

Nun saß ich genau hinter dem Erlöser und bekam gerade mit, wie er von dem anderen in den Unterarm gekniffen wurde, sich vor Schmerzen zurücklehnte und seinen Arm rieb.

„Treulose Tomate, undankbarer Tropf", betitelte ich den Erlöser in einer Gedankenfolge. Plötzlich drehte er sich um und sah mir direkt ins Gesicht.

„Ach du Schreck", durchfuhr es mich, nicht nur, dass er unsterblich ist und der stärkste Mensch der Welt, er kann auch noch Gedanken lesen. Für den Bruchteil einer Sekunde sahen wir uns an. Dann drehte er sich kommentarlos um und lehnte sich wieder nach vorne, zu dem anderen Jünger.

Er kannte mich nicht. Er hatte nicht die geringste Ahnung, wer ich war. Als hätte er mich nie gesehen, redete er seelenruhig auf den neuen Jünger ein. Er erzählte genau dieselbe Story, die ich vor nicht ganz zwanzig Minuten über mich ergehen lassen musste. Die Krönung des Ganzen war, dass er so tat, als sei die Idee mit dem Internet auf seinem Mist gewachsen. Der Lügner!

Er war gerade dabei, vom Rat der Weisen zu erzählen, als das Orchester dermaßen laut und übertrieben dynamisch in die Saiten beziehungsweise auf die Pauke haute und ich kein Wort mehr verstand von dem, was der Weltneuordner sagte, dass ich mich gezwungen sah, noch einmal die Bank zu wechseln.

Nun saß ich neben dem Erlöser und konnte mich so an seine Lippen heften. Der andere Jünger und ich, wir sahen uns an und verstanden und lauschten den Worten, die ab und zu von einem Streichersatz melodramatisch unterstützt wurden und, in ein seltsames, frohes und unbeschwertes Licht getaucht, die Herzen seiner Zuhörer erreichte.

Kurze Zeit später rutschte auch die ältere Frau mit ihrem viel jüngeren Begleiter näher an den Erlöser heran. Auch die beiden jungen Mädchen, die normalerweise mit verklärtem Blick von Boygroups träumen, spitzten die Ohren und nahmen die Botschaft in sich auf. Ein ungefähr sechzig Jahre alter, graumelierter, mit Kaschmirmantel bekleideter Herr, zückte sein Scheckbuch und wollte die ganze Sache mit Geld unterstützen. Der Erlöser verwies ihn auf ein Treffen nach dem musikalischen Vortrag. Außerdem wäre ihm eine Überweisung lieber. Schecks wären so eine Sache. Das sei natürlich kein Misstrauen.

Am Ende des Konzerts waren wir acht, die sich, still und leise um ihn geschart, auf die Neuordnung der Welt freuten. Die Musik klang mit einem Crescendo aus und die letzten Töne flogen hinauf in die Kuppel der Kirche. Wieder säuselte ein wenig Kalk auf mich herab. Doch diesmal war ich keineswegs ängstlich oder beunruhigt, sondern Optimismus beseelte mich, und als der Applaus einsetzte, klatschte auch ich euphorisch in die Hände.

Als die ersten Zuhörer sich anschickten die Kirche zu verlassen, sah ich die Alte sich durch die hinausströmenden Menschen vorbei drängeln und auf mich, den Erlöser und seine kleine, auserwählte Schar zusteuern.

Ich befürchtete jetzt die Rache für die Demütigung, die sie durch mich erfahren hatte, und flüchtete mich in die Gewissheit, dass auch sie bald zu den Anhängern des Erlösers gehören und ihm in Demut die Füße waschen würde. Bis dahin zog ich es vor, im Schutz der Musiker, die einen eigenen Ausgang hatten, zu verduften.

Ich ging um die Kirche herum zum Haupteingang und erwartete den Erlöser wiederzutreffen. Doch außer seinen neuen Jüngern war niemand zu sehen. Auch sie warteten auf eine weitere Erleuchtung und dass sich der Meister zeigen würde. Aber nichts geschah. Trotzdem harrten wir aus.

Später, auf den Stufen vor der Kirche, bekam ich ein Gesprächsfetzen mit, zwischen dem Pfarrer und dem Cordhosenträger. Der Pfarrer hatte die Hände gefaltete. „Unsere gute Frau Werner hat es nicht leicht mit ihrem Sohn. Der Arme ist ja so verwirrt. Ja, ja.“

„Nur, er stört den Gottesdienst, und der Herr Pfarrer halten doch immer so ergreifende Predigten.“

„Nun ja, mein Sohn, aber auch er ist ein Kind Gottes, und wir wollen ihm seine Verstörtheit nachsehen.“

„Natürlich Herr Pfarrer, natürlich. Aber finden Sie nicht, er geht zu weit, wenn er sich für den …“

„Lassen wir es gut sein, er tut niemandem etwas zuleide“, unterbrach der Kirchenmann das Bartgesicht, und der nickte nur stumm und trottete zurück in die Kirche, um beim Aufräumen zu helfen.

Da war es wieder, das Brummen und kurze Zeit später tauchte auch der Doppeldecker auf mit der grauen Zelle am Steuerknüppel.

„Schon gut, schon gut", beruhigte ich das aufgeregte kleine Ding, „ich weiß, dass er nur ein Spinner ist, aber du musst zugeben, dass einige Ideen gar nicht so schlecht sind. Zum Beispiel wenn man Diktatoren durch Handauflegen davon abbringen könnte, Diktatoren zu sein."

Als ich mich zum Gehen wandte, sah ich in der Gruppe der Menschen, die sich vor dem Eingang der Kirche aufhielten, noch einige andere kleine Flugzeuge, die sich um Köpfe drehten.

Ich dachte noch, eine Gruppe Jünger ohne Erlöser bringt es nicht, schlug den Mantelkragen zum Schutz vor der Kälte hoch und machte mich auf den Heimweg.

GROSSMUTTERS MERKWÜRDIGES VERHALTEN GEGENÜBER DEM LIEBHABER IHRER ENKELIN

Großmütterchen", sagte ich zu ihr, „glaubst du, dass so der böse Wolf aussieht?"

Dabei zeigte ich auf mich und meine Ohren und schnalzte ein paar metallisch klingende Töne, so wie Otto in seinem Sketch mit dem Kutscher.

„Großmutter, findest du, dass sie extrem groß sind und dass dieser Mund einem Maul gleicht? Gut, manchmal reiße ich meine Klappe ziemlich weit auf, dann kann schon der Eindruck entstehen, ich hätte ein großes Maul. Aber, Großmutter, ich bin kein böser Wolf!"

Großmutter ließ sich nicht beirren und pikste mich weiter mit dem Fleischermesser in eine meiner, damals noch kleinen und unscheinbaren Bauchfalten. Dabei deutete sie mir mit einem Kopfnicken an, ich solle die Hände wieder hochnehmen. Ich glaube, die alte Dame hatte zu viele Kriminalfilme gesehen.

Damals war, als ich gerade neunzehn Jahre und frisch verliebt, das erste Mal bei Sabine übernachtet hatte. Ich wusste zwar, dass sie bei ihrer Oma wohnte, aber nicht, dass diese junge und fast unerfahrene Männer zu Frikassee verarbeitete. Genau das befürchtete ich, als ich, zugegebenermaßen nur mit einer Unterhose bekleidet, aus der Küche zurück in Sabines Zimmer gehen wollte, nachdem ich mir in der Küche ein Marmeladenbrot gemacht hatte. Im Flur stellte mich dann die Großmutter mit dem Fleischermesser. Irgendwie musste ich mit meiner Bemerkung über den bösen Wolf einen negativen Eindruck bei Sabines Oma hinterlassen haben, denn sie zwang mich rückwärts in die Besenkammer. Zweimal schnappte der Schlüssel.

Das war eine ziemlich prekäre Angelegenheit. Nicht nur, dass es in der Kammer stockfinster war, nach Schuhwichse und alter Lackfarbe roch, zu eng war, um sich hinzusetzen, nein, auch weil Sabine vor einer halben Stunde die Wohnung verlassen hatte, um ihrem Tagewerk nachzugehen. Ich war ratlos. Ich war hilflos. Ich war allein und irgendwo da draußen, zwischen Wohnzimmer und Schlafzimmer, wartete eine circa fünfundsechzigjährige Bestie mit Blumenmuster auf ihrer Nylonkittelschürze. Die gleiche Schürze besaß übrigens meine Tante Else.

Sollte ich versuchen, mit aller Kraft die Tür der Kammer aufzudrücken, oder sollte ich lieber verhandeln. Es gäbe ja die Möglichkeit, dem alten Mütterchen zu erklären, wer ich war. Wenn sie nicht schon von selber auf diesen Reim gekommen war. Dass sie nicht auf die Idee kam, dass ich der Liebhaber ihrer Enkelin sein könnte, hätte bedeutet, dass sie mich mit voller Absicht und Berechnung in die Kammer gesperrt hatte. Vielleicht war sie um die Tugend ihrer Enkelin besorgt und wollte das Äußerste, was leider schon geschehen war, verhindern. Ich überlegte fieberhaft, wie Sabine mit Nachnamen hieß. Wäre es möglich, dass sie italienischer Abstammung war und einen Bruder hatte, der mit dem Messer der Großmutter noch besser umgehen konnte als sie selbst? – Nein! Wenn man Meier mit ei heißt, ist das unwahrscheinlich. Gott sei Dank.

Aber warum verhielt sich die Oma so komisch? Hatte sie geglaubt, ich wolle etwas von ihr? Da konnte ich sie beruhigen. Zu dieser Zeit hatte ich mehr Interesse an süßen, kleinen Rotkäppchen als an deren Großmüttern.

Ich machte mich bemerkbar: „Hallo, hallo!?“

Nichts geschah. Kein Mucks, kein Laut. Hoffentlich hat die gute Frau keine Herzattacke, dachte ich und stemmte mich gegen die Tür. Nichts da, das Ding war solide wie die Eisenleiter in meinem Rücken. Ich klopfte an die Tür. Noch einmal lauter. Noch lauter. Langsam kam ich mir blöde vor. Ein gewisser Ärger stieg in mir hoch. Außerdem fing ich an zu frieren. Was hatte das alte Weib mit mir vor? Würde sie gleich verlangen, dass ich meinen Finger durch das Schlüsselloch steckte, um zu sehen, ob ich schon fett genug für ihren Backofen sei?

Das Schlüsselloch! Natürlich. Die Enge zwang mich zu Verrenkungen, die ich im Normalfall ablehnen würde. Ich spreizte meine Beine und ging langsam in die Knie. Wäre ich Tänzer beim Ballett, hieße das wohl Plié. Ich kam gerade so weit herunter um zu sehen, dass der Schlüssel steckte. Was nun? Wenn jetzt die Tür aufgehen würde, sähe ich bestimmt ganz schön bescheuert aus, aber was soll’s. Die Frage stellte sich, wie konnte ich den Schlüssel von innen herumdrehen. Ein kurzer Rundblick ließ meine Augen im Halbdunkeln einen Werkzeugkasten entdecken, rechts oberhalb meiner Schulter. Ich beschloss die Plié-Position zu beenden und unter Knacken der linken Kniescheibe richtete ich mich wieder auf. Tastend erkundete ich den Kasten. Nach dem Gefühl zu urteilen war alles drin, was ein Handwerker braucht, um sich im Do-it-yourself-Verfahren aus allen misslichen Lebenslagen zu befreien. Auch ein offenes Teppichmesser.

Ich verfluchte die alte Hexe und lutschte an meinem Zeigefinger. Um nicht völlig auszubluten, strampelte ich das einzige Verbandmaterial, was mir in diesem

Augenblick für erste Hilfe zur Verfügung stand, von meinen Schenkeln herunter über meine Waden. Ich wiederholte das schon geübte Plié, hielt meine Unterhose in den Händen und verband die Wunde.

Der Zeitpunkt war gekommen, mich aufzugeben. Abgesehen von der bandagierten und schmerzhaft pochenden Wunde, mit der ich niemals ein Werkzeug an den Schlüssel hätte ansetzen können, hatte ich mir zusätzlich beim Herunterbewegen irgendeinen Nerv im Rücken gezerrt. Ich musste an den Hinweis des Turnlehrers meiner ehemaligen Schule denken: „Vor Leibesübungen soll man sich immer warm machen!“

Draußen regte sich immer noch nichts, und ich würde wohl heute noch immer so hocken, wäre nicht Sabine nach der Arbeit nach Hause gekommen und hätte mich aus dem Schrank, in dem ich saß, befreit. Sie verband meine Wunde, machte mir ein paar Spiegeleier, legte mir kalte Kompressen auf meinen verrenkten Rücken und entschuldigte sich für das Verhalten ihrer Großmutter. Die saß die ganze Zeit mir gegenüber am Küchentisch und fixierte mich misstrauisch. Das Messer hatte ihr ihre Enkelin Gott sei Dank abgenommen.

Na schön, Schwamm drüber, dachte ich, und alte Leute sind halt manchmal etwas verquer. In den nächsten Jahren, die kamen, suchte ich mir allerdings Mädchen und Frauen für meine Liebesabenteuer aus, die keine Großmütter mehr hatten. Sicher ist sicher.

BŒUF STROGANOFF UND ROTER WEIN

Guten Tag!“, lüftete André seinen Hut. „Ist es gestattet?“

Vera, Luise und Franziska nickten dem jungen Mann gleichzeitig und beiläufig zu.

André nahm auf dem vierten Stuhl an dem Tisch der drei jungen Damen Platz und gab dem Kellner ein Zeichen. Das Restaurant war leidlich besucht, und draußen, wo die vier Menschen saßen, war kein weiterer Gast anwesend, um von dem Ober bedient zu werden. Daher dauerte es einige Minuten bis er André zu verstehen gab, dass er sofort käme.

„Ich kann euch sagen, das war vielleicht ein Schock, als dieser junge Mann in der Wohnungstür meiner Großmutter stand“, führte Franziska ihre begonnene Geschichte fort. „Er hat sich einfach in das Leben meiner Oma eingeschlichen.“

„Nein!“ Vera bekam vor Staunen ihren Mund nicht zu.

„Sie muss damals so alt gewesen sein wie ich heute. Das war noch bevor sie meinen Großvater kennenlernte.“

André bestellte bei dem Kellner ein Mineralwasser und aus der Speisekarte das Bœuf Stroganoff.

„Und komisch war der“, schüttelte Franziska nachdenklich ihren Kopf. „Meine Großmutter musste ihm Bœuf Stroganoff machen. Einmal pro Woche. Und getrunken hat der Kerl auch. Roten Wein, literweise.“

„Herr Ober!“, rief André den Kellner noch einmal zurück, „bringen Sie mir bitte noch einen viertel, nein, bringen Sie mir einen halben, ach wo, gleich eine ganze Flasche Roten.“

Der Kellner nickte, notierte die zusätzliche Bestellung und entfernte sich wieder in das Innere des Restaurants.

„Und, was ist dann weiter geschehen?“, wollte Vera von ihrer Freundin wissen und Luise war auch ganz gespannt, dass sie das kleine Behältnis für die Kaffeesahne mit zu viel Kraft eingedrückt hatte und die Milch auf ihr rosarotes Kleid gespritzt war.

André zog sein Taschentuch und wischte hilfsbereit die Flecken aus dem Stoff. Luise lächelte.

„Am Anfang war dieser Mensch sehr zuvorkommend und äußerst charmant. Er las meiner Großmutter jeden Wunsch von den Augen ab. Er kochte, außer das Bœuf Stroganoff, dieses überließ er meiner Oma, er reinigte die Wohnung, erledigte Einkäufe und Behördengänge, spielte ihr abends auf dem Klavier vor oder las aus seinen selbstverfassten Gedichten."

André zog aus seiner Jackentasche ein kleines schwarzes Büchlein und einen Stift hervor. Sich besinnend, notierte er einige Verse.

„Und?“

„Und was?“ Franziska blickte Vera an, als habe sie die Bedeutung der Frage nicht verstanden.

„Du weißt, was ich meine.“

Franziska schüttelte den Kopf. André und Luise lächelten.

„Ich weiß nicht, ob sie es miteinander gemacht haben, ich habe meine Oma nie danach gefragt“, wehrte sich die junge Frau, auch nur einen Gedanken in diese Richtung zu denken. Ihr war diese Nuance ihrer Geschichte unangenehm. „Schließlich war sie meine Großmutter.“

„Aber das ist doch die natürlichste Sache der Welt", lehnte sich André über den Tisch und ergriff Franziskas Hand. Durch den hoch gerutschten Ärmel seines Hemds konnte man eine Tätowierung erkennen. Eine Rose. Franziska fand die Zeichnung auf Andrés Haut wunderschön.

„Trotzdem", wehrte sie sich und zog langsam ihre Hand unter der seinen fort, nicht ohne ihm ein leichtes, fast unmerkliches Lächeln zu schenken.

Auch Vera lächelte. Luise war das Lächeln vergangen. Ihr war die Annäherung Andrés an Franziska nicht recht, und sie ließ wie zufällig ihren Regenschirm umfallen, worauf sich der junge Mann danach bückte.

Der bestellte Rotwein wurde gebracht und ein Glas eingeschenkt. Das Angebot des jungen Mannes an die Damen, ein Gläschen mit zu trinken, wurde dankend abgelehnt. Auch etwaige andere Bestellungen wurden nicht aufgegeben.

„Ich glaube, meine Großmutter hatte mehr von diesem Menschen erwartet, als nur körperliche Nähe. Ich weiß mit ziemlicher Sicherheit, dass sie in ihn verliebt war. Ja, ich bin ganz sicher", lehnte sich Franziska überlegen und mit ein wenig Hochmut in ihrem Stuhl zurück.

Die Freundinnen sahen sie erstaunt an. Auch Andrés Neugierde war geweckt.

„Es gibt Briefe."

„Briefe?", fragten beinahe alle anderen gleichzeitig. Die entstandene Stille wurde nur von einem vorbeifahrenden Motorroller und dem Scheppern von Geschirr aus der Küche des Restaurants mit dem anschließenden Geschimpfe des Kellners unterbrochen.

Luise fand als erste ihre Sprache wieder. „Was sind das für Briefe? Von deiner Großmutter an ihn?"

„Ja, sie wurden nie abgeschickt."

„Sie hat sich nicht getraut, ihm ihre Liebe zu gestehen", schwärmte Vera.

„Meine Großmutter war nach seinem Weggang sehr einsam. Aber ihn zu bitten zurückzukommen, konnte sie nicht."

Luise fiel das traurige Gesicht Andrés auf. „Haben Sie etwas, mein Herr?"

„Ich musste nur an eine Frau denken, die ich einmal sehr geliebt habe, aber sie hatte meine Gefühle nicht erwidert. So dachte ich."

Franziska, ein wenig irritiert, dass sich ihre Freundin mehr für die Gefühle eines Fremden zu interessieren schien als für die ihrer Großmutter und damit ihrer eigenen, zog einen Stapel Briefkuverts aus ihre Handtasche und legte ihn vor sich auf den Tisch. Die Umschläge wurden von einem zarten rosafarbenen Band, mit einer Schleife geschnürt, zusammengehalten.

Tassen, Teller und Gläser wurden ein wenig zur Seite geschoben.

Genau in diesem Moment erschien der Kellner und brachte das Bœuf Stroganoff für André. „Guter Mann, sehen Sie nicht, dass es gerade ein unpassender Augenblick ist. Bitte, bringen Sie mir das Essen ein wenig später."

Auf den missbilligenden Blick des Obers fügte André an: „Sie werden doch wohl die Möglichkeit haben, die Speise warmzustellen."

Der Kellner hob die Schultern und trabte zurück in die Küche, um das Problem seinem Koch zu überlassen.

Franziska zog vorsichtig den obersten Umschlag aus dem Stapel heraus, darauf bedacht, das Band nicht zu lösen. Langsam und unter fast unerträglicher Spannung öffnete die junge Frau das Kuvert, zog mit grazilen Bewegungen ihrer Finger das Schreiben heraus und faltete das Blatt auseinander. Das feine Papier, durch das die sorgsam geschriebenen Buchstaben fast durchschienen, wiegte sich in den Händen Franziskas, als seien es die Schwingen eines Vogels.

„Nun lies schon!“, unterbrach Luise grob. Ihr ging das übertriebene Getue Franziskas auf die Nerven. Auch Vera konnte ihre Erwartung kaum im Zaume halten und nickte ihrer Freundin fordernd zu. André trank einen Schluck Wein und ließ den Traubensaft einen Moment im Mund kreisen. Dabei sah er an den drei jungen Frauen wie geistesabwesend vorbei und suchte sein Spiegelbild in der großen Fensterscheibe des Restaurants.

„Mein Lieber André“, begann Franziska langsam, die Worte sorgfältig betrachtend, bevor sie las, „nun bist Du schon fast ein ganzes Jahr fort und ich weiß gar nicht, ob Du Dich überhaupt noch an mich erinnerst.“

André nickte unmerklich.

„Auch weiß ich nicht, ob Dich dieses Schreiben überhaupt erreicht? Nicht, weil Du vielleicht gar nicht mehr unter dieser Adresse, die Du mir bei unserem Abschied genannt hattest, zu erreichen bist, nein, vielmehr denke ich, dass ich diesen Brief niemals an Dich senden werde.“

Im Weiteren gestand die Großmutter von Franziska die von der Enkelin angedeutete Liebe zu ihrem André. Was musste das arme Ding gelitten haben, damals. Und sie hatte niemanden, dem sie sich anvertrauen konnte. Allein in der großen Stadt, weit vom wohlbehüteten elterlichen Haus ging sie ihrer Arbeit als Sekretärin bei einer der großen Versicherungsgesellschaften nach. Die Abende waren nach Andrés Abreise wieder genauso eintönig und einsam, wie sie es vorher gewesen waren.

Die drei Freundinnen ließen die Köpfe hängen.

„Ich hoffe, ich werde solch eine Liebe niemals erleben, lieber würde ich sterben.“ Franziska legte theatralisch eine Hand an die Stirn und die andere platzierte sie wie zufällig auf die des jungen Mannes. Der strich leicht mit seiner Linken die weiche, weiße Haut.

Luise holte tief Luft angesichts des Versuches ihrer Freundin, sich von André für die noch nicht eingetretene größte Enttäuschung ihres Lebens trösten zu lassen. Auch Vera sah etwas pikiert dem Schauspiel zu.

Die Situation sollte nicht lange auf ihre Klärung warten.

André entschuldigte sich für das unsensible Auftreten des Kellners, der nun doch darauf bestand, das Bœuf Stroganoffzu servieren, da er sonst für den Geschmack desselben nicht mehr garantieren könne.

Nach dem Mahl und einer anschließenden Tasse Kaffee erhob sich André, zahlte beim Ober seine Rechnung und verabschiedete sich, indem er, wie schon zur Begrüßung der Damen, seinen Hut zog.

Blicke wurden dem jungen Mann nachgeschickt und die von Franziska und Luise waren ein wenig zärtlicher als die von Vera. Für Vera war er doch ein recht merkwürdiger Kauz.

Einige Minuten später, André war zwar noch nicht vergessen, aber kein Gesprächsthema mehr, störte der Kellner erneut die Runde und überbrachte für das Fräulein Franziska einen Brief.

„Ein Brief, für mich?“ staunte die Adressantin. Das Kuvert war weder mit einer Briefmarke versehen, noch trug es eine Anschrift oder einen Absender auf der Rückseite.

Nur die Anrede „Fräulein“ und der Name „Franziska“ waren in tadellosen Buchstaben auf der Vorderseite notiert. Auch auf dem eigentlichen Schreiben waren die Worte gradlinig und schwungvoll aneinandergefügt. Der Inhalt überraschte Franziska und ihre Freundinnen.

„Mein liebes Fräulein Franziska, ich würde mich freuen, Sie heute Abend um die sechste Stunde im Schlosspark am Rosenbeet zu treffen.“

Unterschrift: „Ihr ergebener André.“

DIE AMERIKANISCHE ERINNERUNG

Prolog.
Über dem Atlantik nach New York City.
24. September 1999.

Ich muss der Stewardess, ihren Namen habe ich leider vergessen, danken. Sie gab mir den Rat, als sie mich beobachtete, wie ich anfing, im Flieger über dem Atlantik diese Notizen zu schreiben, dass ich anstelle eines dicken Kugelschreibers lieber einen Stift mit einer dünneren Spitze nehmen sollte. Es schreibt sich leichter, sauberer und schneller!

Sie hatte recht! Und so sind die nachfolgenden Schriften erhalten, die vielleicht nicht, wenn ich bei dem üblichen Kugelschreiber geblieben wäre, den Weg von meinem Notizheft in den Computer gefunden hätten, weil die eine Hälfte unleserlich und die andere durch meine rechte Schreibhand verschmiert wäre. Dies ließe sich wahrscheinlich nicht verhindern, da es in gewissen Gegenden, durch die meine Reise führte, enorm heiß war, trotz der Air-Conditioning im Auto, die ich nicht in den Griff bekam und in den Supermärkten, die die Angestellten nicht in den Griff bekamen. So grenzt es an ein Wunder, dass ich nicht als Tiefkühlschriftsteller zurück nach Deutschland gekommen bin.

Aber ich greife vor und kehre zurück zu dem beschriebenen Stift und meiner computergewöhnten rechten, manchmal schwitzenden Hand. Ich wollte den Rat der freundlichen Flugbegleiterin beherzigen und beschloss gleich nach der Ankunft in New York mir einen solchen, von kundiger Seite empfohlenen Stift zu besorgen.

Die Flüge von Berlin über München nach New York verliefen ruhig. Außer den Starts und den Landungen gab es für mich keine großen Angstattacken zu überstehen.

Es war nicht meine erste Reise in die nicht mehr ganz so neue Welt. In New York war ich schon einige Male gewesen, und auch sonst hatte ich mich umgesehen. Dieses Mal sollte es eine etwas umfangreichere Unternehmung werden. Ich hatte die Absicht, einen Freund in Reno, Nevada zu besuchen und eine Bekannte in New York. Verbinden wollte ich das Ganze mit einer Rundfahrt von Phoenix in Arizona, durch den mittleren Westen. Und das erste Mal auf meinen Reisen wollte ich so eine Art Tagebuch führen.

Die Stewardess, ich komme wirklich nicht mehr auf ihren Namen, obwohl sie sehr freundlich und zuvorkommend war, und ich jedesmal auf ihr Namensschild gesehen habe, wenn wir uns, soweit es ihre Zeit zuliess, unterhielten. Diese Stewardess jedenfalls gab mir noch einen Tipp, wo man in New York hervorragend essen kann, und dann stand ich mit meiner Tasche auch schon vor den gelben Taxis.

New York, 25. September.
7. Ave. Ecke 39. Straße.

Die erste Nacht war wie immer eine Umstellung. Nicht nur wegen des Jetlags, auch weil diese Stadt einen immensen Krach produziert, wenn man in einem Hotel in Manhattan übernachtet. Erst in den frühen Morgenstunden sank ich in einen kurzen Schlaf.

Zum Frühstück ging ich schräg gegenüber in einen Laden der …, den Namen habe ich auch vergessen, wie den der freundlichen Flugbegleiterin.

„Das kann ja heiter werden“, werden Sie jetzt denken, „wenn der Kerl sich schon im Prolog nicht mehr an die einfachsten Dinge erinnern kann. Wozu hat er sich denn Notizen gemacht?“

Sie haben ja recht, aber, wie ich schon vorher erklärt habe, war es das erste Mal, dass ich mir auf einer Reise Notizen gemacht habe. Und nun zur Speisekarte, von der ich ein Exemplar mitgenommen hatte, weshalb ich mich deshalb ausgezeichnet an das Frühstück erinnern kann. Obwohl mir diese Karte das übliche Breakfast anbot, so wie es zu 99% in den USA gereicht wurde. Nach Schinken, Eiern, Kartoffeln und Toast und Kaffee war ich mehr als gerüstet für den Tag.

Der mir bekannte Duft, besser der Geruch von New York, gab mir das Gefühl, nicht ganz fremd in dieser Stadt zu sein. So stellte ich mich, wie ich es immer machte, nach dem Frühstück vor den Frühstücksladen, zwischen die parkenden Autos halb auf die Straße und rauchte eine Zigarette. Die New Yorker kennen keinen großen Unterschied zwischen Gehweg und Fahrbahn.

Und so versuchte ich, über meinen Touristenanstrich eine einheimische Farbe zu legen.

Ein Müllwagen fuhr vorüber, der Mann hinten auf der kleinen Plattform und ich wechselten in Sekunden einen Blick. Er nickte fast unmerklich, so als hätten wir uns schon öfter gesehen. Die Farbe hatte ihre Wirkung nicht verfehlt. Vielleicht habe ich mir das auch nur eingebildet. Aber es tat gut.

Die erste Woche verbrachte ich mit einem normalen Touristenprogramm, bis zu diesem Tag …

New York, 27. September. Papierschiffe im Rinnstein.

… an dem der Mann das Eichhorn verschluckte. Sie brachten es in den Nachrichten auf Kanal Fünf, und der Regen in der 42. Straße begann gerade lästig zu werden.

Ich saß, Gott sei Dank, mit einer Bekannten in einer kleinen Bar auf der Lowereastside, New York.

Ich bemühte mich hinter den Sinn ihres Monologes zu kommen, doch genausogut hätte ich versuchen können, in einem vorbeifahrenden Zug ein Gesicht deutlich zu erkennen, unmöglich. Und sie fuhr verdammt schnell.

Wir tranken Kaffee.

Das Thema, mit dem sie auf mich einredete, hatte etwas mit Jesus, Karl Marx und dem Jazz zu tun. Für mich schmecken alle Drei ziemlich abgestanden und irgendwie pelzig. So weit zu meinem Geschmack.

Die Ausführungen meiner Bekannten waren gerade bei Dizzy Gillespies Einfluss auf die amerikanische Arbeiterbewegung und im speziellen der Farbigen im Bezirk Queens angelangt, als dieser Mensch mitten in der Bar stand, seinen Arm hob und auf den Barkeeper zeigte:

Seht Ihr in meinem leeren Glas nicht das gleiche wie ich!?
Seht Ihr nicht das Zeichen, dass die Zeit gekommen ist!?
Seht Ihr nicht in des Barkeepers grinsender Fresse,
seht Ihr nicht die Fratze, die Eure letzten Hoffnungen frisst!?

Wahrlich ich sage Euch,
der Tag ist nah, dass sie aus der Tiefe steigen.
Der Hunger und der Hass werden ihnen den Weg zu Euch zeigen.
Die verlorenen Seelen werden ihren Hass an Euch stillen
und ihre Plastiktüten mit Eurer Zukunft füllen.

Wahrlich ich sage Euch,
ihre Einkaufswagen werden Panzern gleichen
und eure Barrikaden aus Ignoranz in Stücke reißen.
Eure Penthouseburgen werden fallen,
die Schreie in den Boutiquentempeln wiederhallen.

Wahrlich ich sage Euch,
die verlorenen Seelen werden die Stadt fressen
und Eure Arroganz wird ihnen verdammt gut schmecken.
Die verlorenen Seelen werden Rache saufen wie Wein.
Die Straßen werden mit Chanel Nummer fünf getränkt sein.

Wahrlich ich sage Euch,
Ihr werdet es noch einmal miteinander treiben.
Doch das Goldene Kalb wird Euch im Halse stecken bleiben.
Ihre Liebe wird Euch um den Verstand bringen.
Auf euren Statussymbolen werden sie tanzend den Sieg erringen.

Mit einem lauten Knall stellte der Rezitator sein leeres Glas auf den Tresen und gab dem Sprichwort Gelegenheit, eine Stecknadel fallen zu hören.

Etwa sechs Sekunden später setzten sich die lautstarke Unterhaltung und der Fluss des Bieres aus den Hähnen fort, als wäre nichts geschehen.

Ich dachte, das ist New York.

Meine Bekannte deutete mit einem Kopfnicken zu dem Mann, der von dem Barkeeper noch einen Drink eingeschenkt bekam, und sprach, als wäre dessen Auftritt wie von ihr bestellt, mit einem Ausdruck der Genugtuung wieder von der amerikanischen Arbeiterbewegung und fügte noch einige Anmerkungen zum Thema Armut hinzu.

Ich muss gestehen, dass ich zu der Art Tourist gehöre, der eher ängstlich und mit einer, vielleicht übertriebenen Vorsicht fremde Länder und Städte besuche. Ich verhalte mich unauffällig und versuche, Menschen und Situationen, die ich für mich als bedrohlich einschätze, doch lieber aus dem Weg zu gehen.

Also widmete ich meiner Bekannten und ihrer Arbeiterbewegung meine Aufmerksamkeit.

Doch es kam, wie es kommen musste! Ein paar ängstliche Touristenaugen konnten nicht von dem Mann an der Bar lassen. Sie klebten praktisch an dem Dichter, während er sich an das Glas und den Tresen klammerte.

Peng! Da war es geschehen. Ängstliche Touristenaugen und ein Blick, der sagte: „Ich weiß, dass du mir nicht entkommen kannst“ hatten sich getroffen. Die Verbindung war quer durch die Bar, wie an einer Schnur gezogen und wurde nur kurz durch Menschen unterbrochen, die zur Toilette oder in den hinteren Teil des Lokals gingen.

Für meine Bekannte kam die Zeit des Aufbruchs: ich ging mit und der Blick folgte mir.

Auf der Straße vor der Bar trennten meine Bekannte und ich uns. Sie musste zu ihrer Arbeiterbewegung oder sonstwohin und ich war bereit zu tun, was man in New York als Tourist unternimmt.

Doch anstatt auf das Empire State Building zu klettern oder mich auf dem Times-Square unter Artgenossen zu mischen, blieb ich in angemessener Entfernung zu der Bar, aus der ich gerade kam stehen und beobachtete den Eingang.

Der Dichter kam heraus. Ich folgte ihm. Er sah aus wie ein kleiner Angestellter, der von seiner Frau verlassen worden war, ähnlich dem Jack Lemmon in „Ein verrücktes Paar."

Wir liefen, er voran und ich hinter ihm, quer durch Manhattan bis auf die andere Seite am Hudson River. Eine Gegend, die den ängstlichen Touristenaugen ganz und gar nicht gefiel. Da es aber noch hell war, drückte meine Ängstlichkeit ein Auge zu.

Er verschwand in einem Laden, in dem es wohl alles zu kaufen gab, außer Dingen, die ein Mensch wirklich braucht. Zwischen all dem Kram hingen Bilder eines jungen Farbigen. Fotografien und allerdings eher von einem Laien gemalte Ölbilder gab es in allen Größen; teilweise waren sie wie Madonnenbilder umrahmt. In einer Ecke des Ladens hing ein lebensgroßes Porträt des Jungen und war mit bunten Glühbirnen wie ein Weihnachtsbaum verziert.

Hinter einem vollgestapelten Ladentisch stand eine alte chinesische Frau, die mich kurz mit einem Blick überflog, um sich dann wieder ihrer chinesischen Seifenoper in einem Schneesturm auf einem flackernden japanischem Fernsehgerät zuwandte.

Im hinteren Teil des Ladens ging eine Tür auf und der Mann aus der Bar winkte mich zu ihm.

Ich betrat ein Hinterzimmer voll pornographischer Bibeln. Die heiligen Schriften des Charles B. waren auf einem Wandregal griffbereit, nach Jahren geordnet, und die abgenutzten Buchrücken zeugten von einem regen Studium des Werkes des Meisters. Sonst gab es, außer einem Tisch mit vier Stühlen, nur eine Betbank an der Stirnseite des Zimmers. Rechts und links der Bank auf dem Fußboden zuckte das Licht von großen und kleinen Kerzen. Sie waren die einzige Lichtquelle im Raum.

Warum ich dem Mann folgte und warum ich mich, ihm gegenüber, an den mit Versen eingeritzten und verzierten Holztisch setzte, bleibt das Geheimnis meines Unterbewusstseins. Das Zimmer war wie eine Kapelle eingerichtet. Vor der Betbank an der Wand hing ein Foto von dem jungen Mann, demselben wie im Laden.

Der Mann sprach, ich hörte zu. Er trank, ich sah zu. Er nannte sich Arete, „Tugend", nach Sokrates in der griechisch-philosophischen Ethik.

Arete war eine Art Prophet. Mehr ein Don Quichotte des Evangeliums. Eigentlich eine gescheiterte Existenz. Ein Werbetexter, wie er sich selber nannte: „Ein Phrasenpoet, ein Dichter ohne Poesie. Schöpfer preiswerter Melancholie, Gedanken von der Stange. Meister verschlissener Sätze spätpupertärer Gefühlsduselei. Waschmittellyrik, die schmutzige Träume weiß wäscht.

„Der Stoff, aus dem meine Träume waren, hatte keinen Namen mehr. Also begab ich mich von der Philosophie der Dummheit in das Reich der Fantasie. Doch den Profiteuren vom Lärm in meinem Schädel gefielen die neuen Worte nicht. Und als meine Brüste, an denen sie hingen und sich nährten, leer waren, haben mich die Götter aus dem Kreditkartenolymp verjagt."

Er war erfolgreich, soviel hatte ich erfahren, dann durch Suff und Drogen in Geldnöten. Er wurde von Kredithaien verfolgt, und als sie darauf kamen, dass er kein

Geld mehr heranschaffen konnte, hatten sie ihn gezwungen, von einer Brücke in den East River zu springen.

Von der Brücke geflogen, im Fluss versunken,
am dritten Tage auferstanden, vom Tod betrunken.

Als er das Krankenhaus verließ, sagten ihm die Ärzte, dass er blöde sei.

„Ich aber wusste, dass ich der König der Blöden war."

Er lebte auf der Straße und versuchte, seiner neuen Realität auszuweichen. Und das in einer Stadt, wo alles so nah beieinander liegt.

„In einer Stadt in der sich im Minutentakt ein Zeigefinger krümmt und ein Gehirn das Fliegen lernt. Wo magnetische Ängste williges Menschenmaterial in die Arme von Seelenan- und -verkäufern treibt, dem Dealer und Johannes dem Täufer.

Träume verbinden und trennen, wer kann den Unterschied noch erkennen?

Auf dem Asphalt spiegelte sich Leben, Worte aus Neonlicht blieben kleben, Schritte verzerrten die Illusion, aus Keuschheit und Perversion.

Ich ging zu ihr, die mich auslachte, die ein Feuer in mir entfachte.

Die es schaffte, mich auf den Weg zu bringen, das Ziel zu finden.

Und dann:

Flammen am Himmel, nach einer Regennacht!

Flammen am Himmel, Flammen am Himmel!

Sie sah die Flammen am Himmel, nach einer Regennacht.

Sie sagte, ich wäre ein Prophet, ein Prophet in der Stadt der verzweifelten Clowns. Und die Flammen am Himmel wären das Zeichen, dass ich auf die Suche gehen muss nach dem einen, der die verlorenen Seelen aufsammelt und ihnen Gerechtigkeit widerfahren lässt.

Sie gab mir noch einen Kuss!

Hatte ich wirklich gedacht, als ich zu ihr ging, das bisschen Liebe, das man für Geld bekommt, wird reichen? Wird mich am Leben erhalten, da draußen, da unten? Auf der Straße, aus einem schönen Traum erwacht?

Nur eine mehr, unter lebenden Leichen, und noch nicht mal betrunken, von einem Whiskey im Preis inbegriffen.

Ich hätte weiter Papierschiffe im Rinnstein auf ihre Reise geschickt und auf Rettung gewartet, auf meiner Insel, wo ringsherum teure Heiterkeit in einem trügerischen Kleid pastellfarbenes Leben verkauft und den Tod light!

Ohne sie hätte mich das erstbeste entspannte Lächeln von einem Gewinnergesicht die Angst erbrechen lassen, das billige Liebe Herzen frisst.

Nein!

Ich habe nicht geschrien auf meinem Flug in die Tiefen des East River, auf dass sie meinen Schrei in Watte packen und ich umsonst gestorben bin.

Flammen am Himmel, Flammen am Himmel.

Sie sah die Flammen am Himmel, nach einer Regennacht!

Das war das Zeichen.

Dann ging ich und sagte: Vielleicht knie ich nieder vor Johannes dem Täufer oder dem Dealer, wer eben die Antwort kennt auf meine Frage.

Und dann wollte ich wiederkommen und ihren Schnaps trinken und ihre Liebe und aus ihrem Fenster sehen, in die Flammen am Himmel."

Wir saßen einige Minuten schweigend an dem Holztisch. Durch die geschlossene Tür drang aus dem Laden der dumpfe Sinn des Lebens. Die chinesische Frau stritt offenbar mit einem Kunden über einen Preis oder den Wert eines ihrer Artikels.

Arete stand auf und nahm aus einem der Bücher des Charles B. eine Fotografie und legte sie vor mir auf den Tisch. Zentral saß ein junger farbiger Mann, auf dem Kopf eine Papierkrone eines Fastfood Restaurants, mit einem brokatenen Umhang. Flankiert und auf dem Boden kauernd von jungen Menschen umringt, die nicht aussahen, als stammten sie aus ärmlichen Verhältnisse. An der Seite mein Gastgeber. Arete.

Ich begriff, wer der Junge auf dem Foto war. Der Mann hatte seinen Erlöser gefunden. Er hatte eine kleine Gemeinde um sich geschart. Alles verkorkste Typen, Upperclass Apostel, williges Yuppiejüngerpotential.

Für ihn waren sie die Träger einer neuen Weltordnung. Er war fest entschlossen, sie zu bekehren oder zu bekämpfen. Sie aber schienen seine Predigten, wie er sie nannte, auf ihren Partys als willkommene Abwechslung in ihrem vom Geldmachen und Geldausgeben bestimmten Leben zu sehen.

Arete erzählte mir, wie er auf den Jungen gestoßen war. Es war in Brooklyn. Er war der Anführer einer Jugendbande, sie nannten ihn „Billy the Kid“. Es war sein Messias. Sie hatten Arete ausgeraubt und verprügelt, doch für den verwirrten Mann war „Billy the Kid“ der neue Erlöser.

„Er wurde geboren und ist gestorben, am Tag seiner Zeugung. Er wurde gekrönt und gesalbt am Tag seiner ersten Verhaftung.

Das Bild seines Wesens war wie ein Gemälde, gemalt mit unbekannten Farben. Ein obszönes Porträt unbeschreiblicher Schönheit, ungebändigter Freiheit, betrunkenmachender Sinnlichkeit. Ein Becher voll bestialischer Lust.

Und ich trank von seinen Gedanken, und der Kelch wurde nicht leer.

Er quälte mich, und ich liebte ihn. Er nannte mich einen Spinner, machte mich lächerlich, machte sich über mich lustig und ich liebte ihn.

Ich war ihm gefolgt, hatte mich an ihn verloren, hatte meinen Geist seiner Inspiration anvertraut, und die beschrieb leere Seiten mit nie geträumter Fantasie.

In seinem Blick lag ein Geheimnis aus Tausenden von Jahren.

Er gab meinem Gefühl einen Namen, er zeigte meinem Weg die Richtung. Er war der Funke, der die Flamme zeugt und dem Feuer Nahrung gab. Eine Fackel, dem Himmel so nah, dass sie Wolken entfachte. Flammen am Himmel. Die Hoffnung zu verbrennen erschien als höchstes Glück."

Das Strahlen Aretes über seinen Messias schien den Raum zu erleuchten und auch als er den Rest seiner Offenbarung erzählte, verließ ihn nicht diese von mir nie bei einem Menschen gesehene Verzückung.

„Und als er starb, auf der Straße, als ein König in seinem Königreich, war ich Gast unter Gaffern. Ich gab dem Moment einen Sinn, flog mit den Augen über den Leib und tauchte in die Wunde, sah die geweihte Polizeikugel und verschluckte die Flamme, um sie am Leben zu halten.

Seine sterbliche Hülle im Rinnstein, seine Botschaft fortgetragen in einem Fluss aus Blut!"

Seitdem wandelt Arete auf den „Hinterhöfen der Zivilisation". Predigt unter den „Brücken der versoffenen

Träume". Trinkt mit den verlorenen Seelen billigen Fusel aus seinem „Plastikbechergral".

Auf der Straße, es fing an zu dämmern, liefen einige merkwürdige Gestalten herum, und jede hatte ihre Geschichte.

Ich hatte dem Phrasenpoet eins seiner Gedichte abgekauft. Geschrieben auf der grauen Rückseite einer Verpackung für diese billigen, in Taiwan hergestellten Fotoapparate, die in seinem Laden zu Dutzenden herumlagen.

Gehetzt und verwundet, mit dem Rücken zur Wand.
Zehntel Sekunden bis der Hahn sich spannt.
Von der Brücke geflogen, im Fluss versunken.
Am dritten Tage auferstanden, vom Tod betrunken.

Tote Augen glotzen, Fisch auf Fisch auf Eis,
wie groß ist das Netz, wie hoch ist der Preis?
Mensch an Mensch an Haut, Kopf an Kopf an Traum.
Geruch der Sünde, verkauft in Badeschaum.
Liebe verschenkt, Auge an Auge um Zahn,
König der Fischer oder Scharlatan?
Böse Augen glotzen, Blick an Blick an Zorn.
In der Krone fehlt ein Dorn.

Auf der Straße gepredigt, aus dem Tempel verjagt.
Mit Ratten das Brot gebrochen, von Angeklagten angeklagt.
Böse Zungen, Wort an Wort an Lüge,
die Maske der Pharisäer trägt teuflische Züge.
Stein an Stein auf Haut, Angst an Angst vor Mut
und die Flucht vor Wahrheit, zeugt ohnmächtige Wut.

Dem Gestern entkommen, der Gegenwart fremd,
dem Morgen entgegen, der die Zukunft kennt.

Es hatte aufgehört zu regnen und die 42. Straße war trocken. Dem Mann mit dem Eichhorn konnte geholfen werden. Er hatte nicht wirklich ein Eichhorn verschluckt. Er wollte einfach mal in die Nachrichten. Seine „fünf Minuten“. Ich fragte mich, wann Arete es in die News schaffen würde. Sie brachten es auf Kanal Fünf. Der Himmel über New York färbte sich im Sonnenuntergang.
Flammen am Himmel.

Arcosanti, Arizona. 4. Oktober. Die wahre Ursache von Erdbeben.

Ihre Hände kneteten die bräunliche Masse, die, in den Furchen und Falten der Haut bis hoch zu den Ellenbogen schon fast erstarrt, mich an den Anblick von Stein gewordenen Menschen in Pompeji erinnerte.

Sie schien mir mindestens genauso alt.

Arcosanti hatte etwas von Pompeji, von alten antiken Städten. Geplant und gebaut in den Siebzigern für mehr als fünftausend Menschen, in einer wüstenähnlichen Gegend in Arizona. Ein paar Autostunden von Phoenix entfernt. Jetzt leben wenige Leute dort und Touristen kommen und fotografieren. Sie wandeln durch die Gassen, blicken in die kleinen Häuser und hoffen, dass ein Hauch der sechziger Jahre sie streift. Dann kaufen sie Andenken. Hier war es angenehmer als in Phoenix, wo ich vor zwei Tagen mit dem Flieger angekommen war und ein Auto gemietet hatte. Eine Nacht in einem Motel nahe des Flughafens hatte mir gereicht. Phoenix ist eine der typischen Großstädte in den USA und hatte mich aus diesem Grund nicht sonderlich gereizt. Dies hier, Arcosanti, war da schon etwas anderes. Die Luft flirte, und Stille lag über dem kleinen Tal.

Die Frau aus Pompeji ließ sich von den Besuchern in ihrer Welt nicht stören und modellierte konzentriert an ihrer Figur.

Aus der bräunlichen Masse sah mich ein Gebilde aus Mensch, Tier und Pflanze an. Schwer zu sagen, was hinten und was vorne, was oben und was unten war. Sie sagte, es wäre „das Herz der Welt".

Natürlich nur ein Modell, das echte läge tief verborgen in der Erde.

„Weißt du", flüsterte sie, „es würde den Menschen das Gehör zerreißen. Es würde jeden töten, der es hören würde, wenn seine Schläge, ungedämpft durch die Erde und den Stein, nach oben an die Erdoberfläche dringen würden. Es schlägt so laut, dass es niemand ertragen kann.

Von Zeit zu Zeit macht es sich durch Erdbeben bemerkbar. Dann dringt ein einzelner Schlag an die Oberfläche und spaltet die Erde."

Das war mir doch ein wenig weithergeholt. Aber sie ließ sich nicht von Erdplatten und Kontinenten, die sich verschieben, beirren und klärte mich weiter auf: „Ich fertige diese Modelle nach alten Zeichnungen. Sie kommen aus der Urzeit. Da waren die Menschen noch wenige und auch die Tiere waren nicht so zahlreich. Das Herz lag dort, wo zu Anbeginn Ozean war; von dort entwickelte sich Leben. Als das Wasser sich zurückzog, lag es an der Oberfläche unserer Welt. Es war noch klein und schlug leise und zart. Im Lauf der Jahre wurde es größer und größer und schwerer und sank immer tiefer in die Erde."

Die Windspiele vor ihrem kleinen Haus mit der Werkstatt für Herzen klapperten leicht in einer aufkommenden Brise. In der Nähe spielte jemand Klavier.

Wahrscheinlich in dem halbrunden, einem Amphitheater nachempfundenen Konzertsaal.

Sie zeigte mir ein Blatt mit einer Zeichnung, die sah aus wie das Herz aus der braunen Masse. Ich fragte, ob die Leute in der Urzeit schon Papier hatten? Dumme Frage, war witzig gemeint. Sie ließ sich wieder nicht beirren.

„Das sind keine Originalzeichnungen. Sie wurden immer wieder von Hand kopiert und über Generationen weitergegeben. Es gibt nur wenige auf der Welt, die nach solchen Vorlagen das Herz nachbauen. Warum nicht? – Es erfordert Hingabe und Glaube. Manche denken, dass es von Gott geschaffen wurde und solange es schlägt, wird es Leben auf der Erde geben. Andere sagen, es käme aus dem Weltall. Wie auch immer, alles Leben bekommt von diesem Herz seine Energie."

„Hat jemals ein Mensch versucht, es zu finden?" fragte ich.

„Einige, und es suchen auch heute noch Menschen danach, mit modernsten Messgeräten. Aber ich denke, es macht keinen Sinn. Was soll es bringen, was hat man gewonnen, wenn man es finden würde? Außer dem Ruhm des Entdeckers! Wir haben schon genug ruhmreiche Entdecker in der Menschheitsgeschichte. Das Herz zu spüren und es in seinem Eigenen zu tragen, ist mehr als Wissenschaft und Messgeräte einem geben können.

Zu glauben, dass dort unten etwas schlägt, was uns alle verbindet, was uns zu einem Ganzen macht mit der Natur, mit jedem Tier und mit jeder Pflanze, ist Erfüllung genug. Was würde passieren, wenn die Menschen wüssten, wo es liegt? Würden sie eine Kathedrale errichten, neue Gebote befolgen, die irgendein Wissenschaftler, ein studierter Prophet mit einem Superultraschallgerät aus der Tiefe aufgezeichnet hat? Es gibt Computer, die solche Daten so lange umcodieren auf die menschliche Sprache, bis es die gewünschte Religion in die Gehirne einprogrammieren kann. Und wie lange würde es dauern, bis einige religiöser sind als andere? Du weißt, was ich meine!“

Ich wusste es. Es fiel mir schwer, der Frau aus Pompeji zu folgen. Aber schließlich tat sie keinem ein Leid an mit ihren kleinen „Herzen der Welt“.

Und dieses Arcosanti ist wie geschaffen, an Dinge zu glauben, die anderen Orts nur Kopfschütteln zur Folge hätten.

„Es ist doch wunderbar sich vorzustellen, dass alle Lebewesen von einer Quelle genährt werden. Das Herz verbindet uns und gleichzeitig lässt es uns verschieden sein. Es gibt keine Zwänge, das oder jenes zu tun, sich so oder so zu verhalten.

Ich kaufte ihr ein Herz ab. Doch wenn ich ehrlich bin, weiß ich gar nicht, wo es geblieben ist? Bei meinem letzten Umzug muss es wohl verloren gegangen sein. Aber wie die Frau sagte, ist es nur wichtig zu wissen, dass es in der Erde schlägt. Und die Sache mit den Erdbeben könnte sich ja so verhalten, dass es hin und wieder doch ein Herzschlag ist, der sich zwischen die Kontinentalverschiebungen mischt.

Ich trank noch einen Kaffee in der großen Halle, die als Restaurant hergerichtet war und genoss den Blick aus dem Fenster auf die Umgebung von Arcosanti. Dann musste ich los, am Abend wollte ich in Flagstaff sein.

Las Vegas, Nevada. 7. Oktober. Flaschenpost.

Jetzt, mit einigem Abstand, lesen sich seine Notizen wie ein Geständnis in einer Flaschenpost, von jemand abgeschickt, der, gefangen auf einer Insel mitten in der Wüste, sein Gewissen erleichterte. Weil er wusste, dass er niemand diese Geschichte erzählen konnte.

Die Insel ist ein altes, im Verfall begriffenes Motel am Rand der Stadt Las Vegas. Schräg gegenüber der großen Pyramide. Wie in Ägypten, nur dass hier Glas und Stahl die Baustoffe sind. Eine Sphinx bewacht den Spielpalast und ich kann mich des Eindrucks nicht erwehren, dass der Erbauer des Kunststoffwesens ein Faible für Elizabeth Taylor hatte.

Die Flasche für die Post ist eine Bibel, im Nachtschrank an der Seite des Betts, in der ein Blatt, ein eng beschriebenes Blatt Papier lag.

Ich hatte auf meiner Reise eben in diesem Motel übernachtet, weil mich die riesigen Schlafburgen nicht überzeugen konnten, ihnen meine Dollars anzuvertrauen. Im „White Sands Motel“ sah es noch genauso aus, wie in dem anonymen Schreiben beschrieben. Ich wusste nicht wie lange das Papier schon in dem Buch der Bücher auf mich gewartet hatte. Dass es für mich bestimmt war, daran hatte ich keinen Zweifel. Wer sollte in dieser Stadt, in so einem Motel, in einer Bibel blättern, wenn nicht ein neugieriger europäischer Tourist.

Las Vegas, White Sands Motel.

Um sieben Uhr aufgestanden, einen halben Plastikbecher Kaffee vor der Tür des Motels getrunken. Feuersteinmotel, Feuersteintür, Feuersteinklo, Feuersteinzeit. Die Inhaberin, Frau Feuerstein, sagt, der frische Kaffee läuft noch durch.

Wind bläst feinen Sand von der Wüste in die Stadt. Sonne brennt die Zeit aus dem Kopf. Auf der Straße von Norden Ruhe. Gedanken streben träge nach Westen. Das Wann spielt keine Rolle, das Wohin hat sich aus dem Schicksal ergeben.

Potemkische Städte in Pastell und aus Zuckerwatte, Paris, New York, die Pyramide und Cesars Pallace.
Im Motel ist die Zeit stehen geblieben. Aus dem stummen Fernseher glaubt man Stimmen zu hören, Fred Feuerstein: „Wilma!“, Ed das sprechende Pferd und Doris Day streitet mit Rock Hudson.
Generationen von Barbequeessern haben sich an der kaputten Klospülung versucht und sich dann in die Illusion gestürzt, in der „Franky Boy, Blue Eye“ persönlich als König über ein Reich der Träume herrschte.
Ein kleiner, zotteliger Hund überquert die Linie, die ihn und mich eigentlich trennen sollte und legt sich vor der Tür mit der heruntergefallenen Drei nieder. Seine Augen mustern mich skeptisch.
Im Pool aus den späten Siebzigern sammeln sich Erinnerungen, Zigarettenkippen liegen in

den Spalten am Boden, die die Zeit gerissen hat. Ein Autoreifen, ein Puppenarm und Papier, das früher mal als Gutschein für ein Essen in eines der Spielcasinos hätte dienen sollen, füllen das Becken.
Auch Spuren von Wasser sind am Rand an einer grünen Kruste zu erkennen. Vor Ur-Zeiten haben hier Kinder mit bunten Schwimmreifen geplanscht und das Liebespaar hat nach Mitternacht unbeobachtet Liebe darin gemacht.
Vor zehn Minuten ist eine Horde Musiker eingefallen, zu erkennen an Gitarren, Verstärkern und einem Schlagzeug. Sie haben alles von der Ladefläche eines alten verrosteten Pick-Ups in das Zimmer Nummer 10 auf der gegenüberliegenden Seite geschleppt. Aus einem zweiten Wagen stiegen noch drei Blondinen, übernächtigt und alkoholisiert wie die Musiker. Was immer in dem Zimmer geplant war, viel Krach werden sie jetzt wohl nicht mehr machen.
„The Coffee is gone, Sir."
Die Frau, die schon ihre Kindheit hier verbracht hat, deren Alter man an den fehlenden Zähnen zählt und deren Haut der blätternden Farbe der Hauswand nicht unähnlich ist, hält ihre schützende Hand über diese Oase und bewahrt Menschen wie mich davor, an diese Welt da draußen zu glauben. Eine Welt, die mit riesigen Schaufeln aus Stahl, irgendwann auch hier ein Paradies erschaffen hat. Ein Paradies aus Glas und funktionierender Air Conditioning. Wo es knallt und zischt und Automaten Geld spucken, das wieder in den unersättlichen Mäulern der gleichen Maschinen verschwindet, um dann durch Hände zu fließen, die noch mehr Glanz auf Fassaden pinseln.

Jetzt aber liegt der kleine Hund vor der Moteltür und ist sich nicht sicher, ob er zu mir kommen soll. Er bleibt liegen, sie bleibt liegen. Sie schläft.
Ich kann ihre nackten Füße durch den Spalt der angelehnten Tür sehen, wie sie unter dem zerwühlten Laken hervorschauen. Sie sind so weich.
Der Plastiküberzug über der Matratze glänzt durch das einfallende Licht der Sonne.
Ihre Füße sind so zart und zerbrechlich, und doch haben sie diesen langen Weg bis hierher geschafft.
Gefallener Engel.
Gefallener Engel trinkt Coca Cola, raucht, flucht, beschimpft mich, entschuldigt sich und fängt das Spiel von Neuem an. Den ganzen Abend und die ganze Nacht. Jetzt schläft der Engel.
Was hat sie dieser Stadt getan, dass diese sie festhält und langsam aussaugt, bis ihre Seele völlig trocken ohne Nahrung mit auch nur dem kleinsten Gramm von Gefühl dahinsiecht und am Ende ganz abstirbt?
Hab ich nicht auch getrunken? Bin ich besser, weil ich mehr bezahle, weil wir davor Essen waren, und danach geredet haben? Sie hat geredet. Auch wenn es nur die neusten Klatschgeschichten aus der Welt des Glamours waren, von der sie so weit entfernt ist, wie ich und dieses Motel.
Ist sie nur mit mir gegangen, hat sie nur mit mir gesprochen, weil ich mehr bezahlt habe? Habe ich ein Recht, mir einzubilden es wäre Zufall, dass wir uns trafen, dass wir uns sympathisch sind? Dass ein junges Ding auf ältere Männer steht, auf Erfahrung, auf Reife? War nicht alles zu routiniert?

Warum fragt hier keiner nach Moral? Wenigstens ein Blick, der mich als das entlarvt, was ich bin. Hinter der Verpackung den Betrug aufdeckt.
Fünfundzwanzig Dollar bar auf die Hand der Alten. Es bleiben keine Namen, keine Kreditkartennummern, die Tiere verraten, die das zivilisierte Rudel für ein paar Stunden verlassen haben und sich wie Menschen aufführen.
Ihre Zigarettenstummel von gestern Abend hat der Wind in die Ecke geweht. „Es wird gebeten in den Zimmern nicht zu rauchen." Niemand scheint sich daran zu halten, nur sie. Merkwürdige Einstellung für ein Mädchen, das Regeln sonst nicht akzeptiert, ja nicht einmal zu kennen scheint.

Werde ich an sie denken, wenn ich diese Maskerade beendet habe? Werde ich auf der Straße im Rückspiegel ihr Gesicht und ihre zierlichen Füße sehen? Oder das, was hinter der Maske darauf gewartet hat, zuzuschlagen und mich zu denunzieren und es mir unmöglich zu machen, das Leben vor dieser Nacht zu leben? Wird der Mensch Recht behalten, der es erkannt hat und es auf die Rückspiegel der Autos schreiben ließ: OBJECTS IN MIRROR ARE CLOSER THAN THEY APPEAR? Wird das Ende der Straße ...

Hier brach die Zeile abrupt ab. Wer dieser „Mensch", der aus der Tierwelt ausgebrochen war, ist, werde ich wohl nie erfahren. Keine Unterschrift, kein Datum.

Ich legte die Bibel in den Nachtschrank zurück, steckte den Zettel in meine Brieftasche und machte mich bereit, mich in die „Illusion“ zu stürzen. Was würde mich erwarten in dieser Stadt? Dasselbe wie den unbekannten Schreiber? Wohl kaum. Da ich ein ängstlicher Tourist bin, werde ich mich nicht ansprechen lassen und mir von dem neusten Klatsch der Reichen und Schönen berichten lassen. Ich werde mich an ein paar Spielautomaten versuchen, ein paar Dollar riskieren und mir das bunte Licht auf meine Neugierde scheinen lassen.

Und werde ich auf ein Gesicht achten mit einer Zigarette im Mund und einer Coca Cola in der Hand?

Nevada, 8.Oktober.
Irgendwo zwischen Las Vegas und Reno.
Das Zeitloch.

An den Wänden Keilriemen, Postkarten, alte Werbeplakate für Autoreifen und Öl für Motoren und die Aussicht auf den weiten, weißen Strand von Hawaii. Eine Uhr, die es nicht mehr für nötig hielt, die Zeit anzuzeigen. Eine vergilbte Fotografie mit voller Stolz blickenden Männern in der Uniform der US-Navy. Ein verblasstes Foto von den Pyramiden. Ein Kalender, der sich mit der Uhr solidarisiert hatte und stur, wie Kalender sein können, wenn sich niemand um sie kümmert, Juni 1982 dokumentierte.

Auf einem vermutlichen Schreibtisch, Papierstapel aus Rechnungen, Bestellungen, Prospekten, Bedienungsanleitungen, ein Kaffeepot, der lange keine andere Flüssigkeit als Kaffee in und an sich gelassen hat. Die Maschine, die den Kaffee für den Pot produzierte und ebenfalls deutliche Spuren von Vernachlässigung trug, zischte in unregelmäßigen Abständen.

Ich hatte wirklich Angst, aus diesem Zeitloch nicht mehr in die Gegenwart zurückkehren zu können. Das Auto, das mich in diese Falle gebracht hatte, bestand darauf, von fachkundiger Hand repariert zu werden.

Ich hatte in mein Logbuch notiert:

12.03 Uhr.
Der Abschleppwagen entfernt sich zurück zur Interstate 95. Der Fahrer schleppt nur ab. Reparieren ist nicht sein Ding. Ich bin allein. Ich will weinen, schreien, um Hilfe rufen, beten, aber es würde nichts nutzten, die Tankstelle ist geschlossen, und ringsherum gibt es nur ein Nichts.

Ich bleibe ruhig und warte.

12.05 Uhr.
Ich warte.

12.15 Uhr.
Ich warte.

12.31 Uhr.
Wie lange die wohl hier in der Gegend Mittagspause machen? Das Schild an der Tür, immerhin in drei Sprachen verfasst, verspricht nur in lapidarem Deutsch „Komme wieder!“ Nicht mal ein „gleich“ steht zwischen „komme“ und „wieder“. Ich betrachte mir das Schild näher. Nichts zu machen. Es ist kein Platz zwischen „komme“ und „wieder“. Das „gleich“ kann also nicht heruntergefallen sein. „Komme wieder“? Wann, wenn der erste Mensch auf dem Mond gelandet ist? Wenn der Krieg zu Ende ist? Wenn die Prohibition fällt? Wenn die Indianer die Weißen vertrieben haben?

Das Schild jedenfalls könnte auch gut von einem der ersten Siedler in dieser Gegend gemalt worden sein.

12.42 Uhr.
Ich warte.

12.50 Uhr.
Ein erneuter Rundblick. Aber die Gegend, nach weiterer menschlicher Zivilisation abgesucht, ergibt nichts Neues. Im Süden, hinter ein paar Bergen, liegt Las Vegas. Im Norden, so sagt wenigstens meine Autokarte, darf ich mit dem Auftauchen der Stadt Reno vor der Motorhaube nach noch mindestens fünf Stunden Fahrt rechnen. Wenn ich nicht durch das von Osten und Westen auf mich zukommende Nichts zerdrückt werde.

12.55 Uhr.
Wahrhaftig, eine menschliche Seele taucht aus dem Nichts auf. Ungefähr zehn Jahre alt, Kaugummi kauend, Baseballcap tragend, lässig über die staubige Straße schlendernd und Worte zwischen Zähne und Kaugummi formend. „Großvater ist nicht da.“, übersetzte ich ins Deutsche.

Das ist mir nicht entgangen. Ich nehme an, Großvater ist der Besitzer der Tankstelle und nicht etwa der örtliche Viehdoktor. Auf meine Frage nach dem Wann, bezogen auf das Schild an der Tür und dem fehlenden „gleich“, kommt vom Enkel nur ein Achselzucken. Er dreht sich um und geht zurück in das Nichts. Er lässt mich stehen, und ich falle in eine noch nie gekannte unendliche Hilflosigkeit.

12.59 Uhr.
In diesem Moment spüre ich das erste Mal, was es heißt, in einem Zeitloch festzusitzen und ein Gefange-

ner der Vergangenheit und gleichzeitig der Zukunft zu sein. Die ersten Erinnerungen an glückliche Tage beginnen, an meinen Nerven zu zerren. Ich suche meine Sachen nach etwas ab, das mir einen Hinweis auf die Zukunft geben kann. Vielleicht eine Bestätigung für ein Motel oder die Flugtickets. Ja, dort steht das Datum meines Rückfluges nach Europa. Gott sei Dank, noch bin ich nicht vergessen. Die Dame am Flugschalter wird sich wundern, wo ich denn bleibe und eine Fahndung nach mir auslösen. Irgendjemand wird mich dann, hier finden und mich befreien. Wenn ich bis dahin nicht verdurstet oder verhungert bin. Oder am Nichts erstickt.

13.10 Uhr.
Ich hasse den Abschleppwagen, ich hasse meinen Mietwagen und die Autovermietung. Ich hasse den Fahrer des Abschleppwagens und sein Rasierwasser. Ich hasse den kleinen Jungen und seinen Großvater unbekannterweise. Ich hasse die Tankstelle, die offenbar niemand braucht und nur existiert, mich gutmütigen Menschen das Hassen zu lehren.

Und ich hasse das da, was sich durch das spärliche Gras schlängelt und hoffentlich nicht seine Richtung ändert. Was immer du auch bist: „Verschwinde im Nichts!“

13.15 Uhr.
Ein Blick auf meine Karte, wie weit ich von meinem Kurs abgekommen bin, bringt nichts. Zeitlöcher tragen keinen Namen. Das hier treibt irgendwo abseits der Interstate 95 zwischen Las Vegas und Reno und verschluckt ahnungslose Reisende. Warum mich dieser Abschlepper ausgerechnet hierher brachte, werde ich wohl nicht mehr erfahren.

13.21 Uhr.
Ein kleines grünes Ding hüpft über meine Schuhe. Solange es sich nicht schlängelt und windet, habe ich kein Problem damit. Ich betrachte es als Futter für das, was sich schlängelt, und damit sind wir Leidensgenossen. Ich bin Futter für das Zeitloch.

13.35 Uhr.
Eine Wolke steht am strahlend blauen Himmel genau über mir. Eine weitere am Horizont, die langsam näherkommt. Sie hat die Form eines Keilriemens. Ich sollte mir eine Mütze gegen die Strahlen der Sonne aufsetzen.

13.40 Uhr.
Dem gerade in meinem Kopf entstandenen Einfall, die unmittelbare Umgebung abzusuchen, werde ich nicht folgen, da ich befürchte, auf Leichen von vergebens wartenden Kunden oder auf kriechende Tiere zu stoßen.

13.54 Uhr.
Die Wolke vom Horizont hat mich fast erreicht. Auf der Straße aus Richtung des Highways wälzt sich noch eine Wolke heran, diesmal aus Staub. Sie bremst vor der Tankstelle. Ein Mensch aus Fleisch und Blut steigt aus einem Pick Up, in Latzhosen und ärmelhochgekrempeltem Hemd sieht er mich an – – und dann mein Auto – – und dann mich – – und mein Auto – – mich – – Auto – – mich – – Auto. Nachdem ich erkenne, dass ich die Initiative ergreifen muss, um einen Weg aus dieser Situation zu finden, frage ich, ob er der Großvater ist.
(Nachtrag: Ich glaube auch heute noch fest daran, dass der Mann seinen Kopf bewegt hat. Aber beschwören kann ich das nicht.)
„Pech – – gehabt – – was?“ Sein Mund kann sich öffnen und artikulierte Worte hervorbringen, die ich ver-

stehe, wenn auch in Zeitlupe, und ich könnte mir in den Pausen zwischen den Worten locker die Zähne putzen und einen Brief an die Firma schreiben, die Autos baut, die immer garantiert in solchen Gegenden kaputt gehen. Dagegen passiert alles Weitere in einem Affenzahn, wenn man in einer Schneckenwelt lebt.
Der Latzhosenträger bedient sich an der Zapfsäule selber. Sie ist nicht verschlossen und so lässt er Benzin in den Tank seines Wagens laufen. Ein Rot schimmert durch die Staubschicht und einige Tropfen Treibstoff auf dem Lack bestätigen die Farbe. Er lässt noch einige zusammengerollte Dollars durch einen Schlitz in der Tür des Büros fallen und verwandelt sich und seinen Wagen wieder in eine Wolke aus Staub.
(Nachtrag: Wieder glaubte ich ein kurzes Nicken wahrzunehmen, als er in seinen Truck stieg. Auch auf meine letzte verzweifelte Frage nach dem Erscheinen des Großvaters, glaubte ich als Antwort ein Schulterzucken wahrgenommen zu haben. Aber auch diesmal möchte ich keinen Eid darauf ablegen.)

14.17 Uhr.
Ich betrachte meine Hände, sehe an mir hinunter und im Rückspiegel meines Autos erkenne ich mein Gesicht. Ich habe noch nicht begonnen, mich aufzulösen. Das Zeitloch hatte mich noch nicht verschlungen. Und die zwei neuen Falten, eine auf der Stirn und eine links der rechten Augenbraue waren auch schon heute Morgen im Spiegel des White Sands Motels in Las Vegas vorhanden.

14.39 Uhr.
Um die Tankstelle herum stehen drei Schrottautos und zwei, die noch halbwegs fahrtüchtig aussehen. Ob die Besitzer Opfer des Zeitlochs geworden sind, kann man nicht sagen. Ich stelle mir vor, wie irgendwann, wenn

Großvater kommen sollte, mein Auto zu den anderen gestellt wird. Was sie mit meiner Leiche machen, weiß ich nicht. In der Nähe der Tankstelle gibt es keine Grabsteine. Wahrscheinlich werfen sie mich, wie die anderen Zeitopfer, in der Wüste den Geiern zum Fraß vor.
Ich zähle zweiunddreißig Autoreifen, an der Seitenwand des baufälligen Gebäudes aufgestapelt. Eine Öltonne, verschlossen, eine als Wasserspeicher genutzte. Eine Kiste mit alten Sprühdosen, Ölbehältern, leer, zwei Coladosen, ausgetrunken, und eine zerknüllte Tüte Chips. Oberhalb der Tür zum Büro steht in ausgeblichen Buchstaben „24 HR. Service“. Was soll ich dazu sagen?

14.45 Uhr.
Das kleine grüne Ding hat eine Partnerin gefunden, oder einen Partner. Viel Glück.

Wie schön es doch ist, Lebewesen zu sehen.

14.53 Uhr.
Würde gerne versuchen, mir das Leben zu nehmen. Kommt aber kein Auto, das mich überfahren könnte. Das kriechende Etwas ist auch nicht mehr zu sehen.

15.01 Uhr.
Großvater! Großvater!!

15.20 Uhr.
Großvater hat Kaffee gemacht, das Büro gelüftet und sich eine Zigarre ins Gesicht und die Dollars aus dem Schlitz von seiner Bürotür in den Overall gesteckt. Ich frage gar nicht erst, wo er so lange war, und da er es nicht für nötig hält, mir seinen Tagesablauf zu schildern, lass ich ihn seinen Kopf unter die Motorhaube stecken.

15.32 Uhr.
Großvater hält den Keilriemen in seiner Hand. Was für ein Glück, in dieser Gegend auf Profis zu treffen.

15.50 Uhr.
Großvater setzt sich nach getaner Arbeit auf einen klapprigen Stuhl vor sein Büro. Aus dem Kaffeepot dampft der Kaffee.

16.02 Uhr.
Leb wohl, unbekanntes Kriechtier, und auch ihr kleinen grünen Dinger, vermehrt euch reichlich und sorgt dafür, dass der nächste Reisende, der in eure Welt eintritt, nicht verrückt wird!

Als ich gewendet hatte und an ihm vorbei in die Zukunft fuhr, winkten wir uns lässig zu.
Ich hatte es geschafft, ich war frei, ich hatte das Zeitloch verlassen.

Reno, Nevada 9. Oktober.
Schuhe die nicht passen wollen.

Ich hatte den Abzweig vom Freeway verpasst. Jetzt musste ich fast um die halbe Stadt fahren, bevor ich wenden konnte. Nach Las Vegas ist Reno ein Dorf. Es heißt „The biggest little city!“ Aber die Autobahn ist gigantisch.

Nachdem ich lebend und ohne Erkältung aus einem dieser Riesensupermärkte mit einer Klimaanlage, die bei uns in Schlachthäusern eingebaut werden, mit einem Träger Bier entkommen war, stand ich nun freudig und voller Erwartung, meinen alten Freund Klaus wiederzusehen, vor dessen Haus. Er war vor mehr als dreißig Jahren in die Staaten gegangen und bis auf einige Briefe hatten wir keinen Kontakt mehr gehabt.

Das würde eine tolle Überraschung geben, dachte ich. Doch zu meiner Überraschung machte mir ein Mensch die Tür auf, den ich nicht kannte.

Er schüttelte nur den Kopf bei dem Namen Klaus und als er zwei, dreimal, ohne Erfolg versuchte, den Namen auszusprechen und ich keinen Sinn darin sah, es mit dem Nachnamen zu versuchen, der mit einem „ü" in der Mitte dem guten Mann sicherlich die Zunge gebrochen hätte, gab ich es auf. Nun ja, das war Pech: Mit einem Träger Bier vor einem Haus zu stehen, in dem jemand wohnte, den ich nicht kannte und der wahrscheinlich kein „ü" aussprechen konnte.

Auch war dieser Besuch ein Grund, diese Gegend zu besuchen. Und nur, um die Ponderosa, Filmheimat der Cartwriths aus Bonanza am Lake Tahoe südwestlich von Reno zu beehren oder die kitschig romantische Westernstadt Virgina City südöstlich unsicher zu machen, war das „Erlebnis" in der „biggest little city" nicht so prickelnd, und ich hätte mir den Umweg zum „Grand Canyon" sparen können.

Ich wollte in meinen Wagen steigen, als plötzlich jemand rief: „He, are you from Germany?"

Ein Mann stand hinter einem dieser typisch amerikanischen Gartenzäune auf dem Nachbargrundstück. Er lugte über die Zaunlatten und winkte mir.

„Sie suchen nach Klaus?"

Zu meiner größten Verwunderung sprach er „Klaus" und sogar das „ü" im Nachnamen richtig aus. Das war Glück.

Der Nachbar half mir, das Bier auszutrinken, und erzählte aus dem Leben meines Freundes Klaus, soweit er die Geschichte kannte. Sie waren Freunde gewesen.

„Gestrandete auf dem großen Treck in die Freiheit."

Nach Jahren der Wanderschaft, kreuz und quer durch die Vereinigten Staaten, hatte sich Klaus in ein Mädchen verliebt und war in Reno geblieben. Er wurde häuslich, wollte eine Familie, arbeitete in einer Fabrik, die die besten Steaks für die Stadt produzierte.

Zwei Jahre lief alles bestens, sie kauften das Haus nebenan und hatten einen blauen Pick-Up und im Garten eine Schaukel.

Doch dann las seine Frau in einer Zeitschrift von einem Guru in Kalifornien. Kalifornien ist wohl einer der besten Nährböden für Gedanken, die Gurus wie Pilze aus dem Boden treiben. Es war ein Mittelklasse-Guru, ohne wirkliche Klasse.

Aber was der Mensch sucht, findet er und bald war es aus mit der Häuslichkeit.

„Er hatte es nicht verstanden", erklärte der Nachbar, „was da aus dem Gehirn seiner Frau tropfte. Ihre Gedanken ätzten faustgroße Löcher in seine Vorstellung von einer gemeinsamen Zukunft. Ich weiß nicht, wie er früher war, aber zu der Zeit als er hierherzog, war er ein irrer Typ. Ständig heckte er irgendwelchen Blödsinn aus, und man dachte: „Junge, der wird wirklich nie erwachsen. Ein richtiger Peter Pan."

Ja, so kannte ich meinen Freund.

„Und dann", kündigte der Nachbar in seiner Erzählung das unweigerlich kommende Unheil an und befeuchtete seine Kehle mit einem Rest aus meinem Bierträger, „wurde er buchstäblich über Nacht ein Ehemann. Nicht nur ein Ehemann, ein Mustergatte, fast hätte man ihn einen Pantoffelhelden nennen können, denn Maggie war eine sehr resolute Frau und hielt den armen Mann so unter ihrer Fuchtel." Der Nachbar schüttelte sich. Ich weiß nicht, ob er Klaus' Frau nicht mochte oder ob der Rest des Bieres in der Flasche schon zu warm war.

„Es wurde von Tag zu Tag schlimmer und schlimmer. Bald durfte er nicht mehr aus dem Haus gehen, außer zur Arbeit, ohne Maggie um Erlaubnis zu fragen. Alle Hausarbeiten erledigte Klaus, und sie überprüfte gnadenlos, ob auch alles richtig gemacht wurde. Am penibelsten achtete sie darauf, dass er ihre Schuhe ordentlich putzte und pflegte. Und Schuhwerk hatte sie eine ganze Menge. Mann, Schuhe besaß diese Frau, da würde meine Frau neidisch werden, wenn sie sich nicht schon so viele von meinem Unterhalt kaufen würde", schweifte der Nachbar ein wenig ab.

„Klaus wurde krumm, ja, er wurde unter der Last der Tyrannei seiner Frau krumm. Wie einen Buckel schleppte er ihre Vorwürfe und Ratschläge mit sich herum.

Er entsann sich seines alten Lebens, als Klaus und er heimlich ein Bier zusammen getrunken haben, hier, auf derselben Bank und natürlich nur, wenn Maggie, der Hausdrachen, wie ich vermutete, nicht da war. Und er stellte fest, dass es gar nicht so schlecht war. Klaus wollte einfach nur leben!"

Mit dem Hausdrachen hatte ich richtig gelegen und auch meine nächste Vermutung, als das Stichwort „Bier" fiel, zielte auf die verzweifelt suchenden Blicke nach etwas zu trinken, das wie Gerstensaft schmeckte. Diese offenkundigen Gedanken lenkten den Erzähler von der Geschichte ab und ließen mich die Initiative ergreifen, meine Wagenschlüssel nehmen, um im nächstgelegenen Einkaufszentrum Bier zu besorgen.

„Er wollte einfach nur leben“, nahm der Nachbar ohne Mühe den Faden wieder auf, als er den riesigen Kühlschrank mit Bier gefüllt und sich wieder zu mir in den Garten gesetzt hatte. „Aber es war zu spät, denn Maggie entpuppte sich ein zweites Mal, wie ein Insekt. Von der Hausfrau mit sadistischen Fantasien, Ehemänner zu quälen, entwickelte sie sich zu einer, die nach Erleuchtung strebte und dabei nicht berührt werden durfte. Und das ist wörtlich zu verstehen“, verdrehte der Nachbar die Augen und verriet mir seinen eigenen gegenwärtigen sexuellen Zustand. „Unsereiner macht ja freiwillig ein Zölibat, aber wenn du verheiratet bist und es vorher auch schon nur am Sonntagabend bekommen hast, und dann ist auf einmal ganz Schluss, ja was denkst du, macht ein Mann dann?“ War dies nicht eine an mich gerichtete Frage, sondern schon die Antwort in sich, die durch das Kopfschütteln des Nachbars und die heruntergezogene Unterlippe keines weiteren Kommentars bedurfte.

Der schon erwähnte Guru aus Kalifornien und seine Lehre war der Verursacher des zum Erliegen gekommenen Sexuallebens meines Freundes.

„Am Anfang versuchte er noch, sich anzupassen und das neue Bewusstsein seiner Frau zu verstehen. Aber sein wir ehrlich“, folgte jetzt ein Satz von größter philosophischer Tragweite, den ich, ganz ehrlich, nicht in diesem Garten hinter einem Holzhaus in einem Vorort von Reno, Nevada, erwartete hatte. „Frauen kann man ja schon nicht verstehen, wenn sie normal sind, wie denn erst, wenn sie ein Bewusstsein haben?“

Ich ließ diesen Satz so im Raum stehen und fragte, wie es denn mit der Beziehung zwischen Klaus und Maggie weitergegangen sei.

„Na ja, Seidenmalen und Meditation waren so ungefähr das Letzte auf seiner Liste von Dingen, die er als unbedingt notwendige Erfahrungen vor seinem Tod betrachtete. Und in weiten, fließenden Gewändern sah er einfach Scheiße aus!“

Der Nachbar erhob sich und forderte mich auf, ihm in den Teil des Gartens und an den Zaun zu folgen, der zur Straße hin das Grundstück trennte. „Da, siehst du“, lenkten sein ausgestreckter Arm und sein Zeigefinger meine Aufmerksamkeit auf die Einfahrt vom Nachbarhaus, „vor dem Haus, auf der Einfahrt zur Garage, in dem Stück Sand, dort, wo die Steinplatte fehlt, goss er ihren letzten Fußabdruck mit Gips aus. Sie stieg in ein Taxi und das brachte sie zum Flughafen und direkt nach Kalifornien zu ihrem Guru. Der Abdruck kam deshalb zustande, weil sie in den letzten Monaten nur noch barfuß gegangen war. Höchstens bei kaltem Wetter hatte sie sich ein paar Sandalen an die Füße geschnallt. Nun besaß Klaus eine stattliche Sammlung von Damenschuhen. Tragen konnte er sie nicht. Erstens waren sie nicht sein Geschmack und zweitens waren sie ihm zu klein. Also stellte er sie auf und schritt sie regelmäßig ab. Quer durch das ganze Wohnzimmer standen die Schuhe in Reih und Glied und erwarteten ihren neuen Besitzer. Am Anfang machte ich mir noch keine Gedanken, wenn ich einmal rüberging. Wir saßen dann auf der Couch und sahen Fernsehen oder quatschen über dies und das, oder tranken einfach nur unser Bier. Es war ein wirkliches Junggesellenleben. Bis …“, er stockte in seiner Erzählung und starrte auf den grünen Rasen, weil er an irgendetwas dachte, was ihn beunruhigte. Und wieder lag ich mit meiner Vorahnung richtig.

„Dann begann mich etwas zu beunruhigen“, fuhr er zögernd fort, „Das eine oder andere Mal, wenn wir miteinander sprachen oder im Fernsehen ein Spiel lief und die Schiedsrichterentscheidung fragwürdig war, fragte er eines ihrer Paar Schuhe nach deren Meinung. Das erste Mal musste ich lachen, da ich dachte, er würde mich verarschen, aber dann wiederholte sich das Ganze. Er schien wirklich mit den Schuhen in seinem Wohnzimmer reden zu können. Und verstand, was sie sagten. Und er machte dann Sprüche wie: „Maggie hat gesagt, es war kein Foul. Maggie glaubt nicht, dass es heute noch regnen wird. Die Farbe gefällt Maggie überhaupt nicht." Und alle Schuhe hießen Maggie. Nur er konnte sagen, welches Paar gerade etwas gesagt hatte. Für mich waren es rote Pumps, die übrigens die Wortführer waren, braune Wildlederschlappen, grün-weiße Sportschuhe und ein paar flache Schwarze, die der Mode der Sechziger entsprachen. Was aber von dem Paar energisch bestritten wurde. „Unverschämtheit, wir sind absolut neuwertig." Das sagten sie natürlich nicht mir, sondern ihrem neuen Besitzer, und der gestand es mir, so wie die Bemerkung: Du musst nicht böse sein, sie können dich nicht leiden!

Das war das letzte Mal, dass ich im Haus von unserem gemeinsamen Freund Klaus war."

Ich erwartete, dass er mir an seinem eigenen Kopf das Zeichen machen würde, das soviel hieß wie: Er war übergeschnappt, hatte einen Vogel und war nicht mehr ganz richtig im Schädel. Aber so etwas deutete der Nachbar nicht an. Dann dachte ich, der Nachbar hätte selber etwas von den mitteilsamen Schuhen mitbekommen und/oder leide selber an einem kleinen Tick, aber auch dem war nicht so, für ihn standen die Schuhe stumm und regungslos in dem Wohnzimmer, und er hatte auch keine feindselige Atmosphäre sich gegenüber feststellen können.

„Wir trafen uns dann nur noch am Gartenzaun. Zu mir herüber durfte er auch nicht kommen, da die roten Pumps es nicht gerne sahen, wenn er mit mir Umgang hatte. Nur noch nachts, wenn in seinem Haus Ruhe war, schlich er sich an den Zaun und berichtete mir, was die Schuhe mit ihm trieben. Ich muss sagen, es war bestimmt kein leichtes Leben. Und als ich ihn darauf aufmerksam machte, er könne die ganze Brut doch einfach in die Mülltonne werfen, sah er mich nur starr an, und sein Gesicht färbte sich in der Dunkelheit schneeweiß.“

Eine nächste Flasche Bier wurde entschraubt und in einem Zug halb geleert.

„Der Rest der Geschichte ist schnell erzählt. Klaus zog sich in seinem eigenen Haus in sein Inneres zurück. Er verließ sein Haus nur noch zum Arbeiten und auch dort ging er bald nicht mehr hin. Ein letztes Mal, raunte er mir einige Informationen zu, als er den Müll herausbrachte.“

Der Nachbar lehnte sich dichter zu mir, als ob jemand anderes das Ende der Geschichte nicht mitbekommen sollte.

„Er war zwischen seinen eigenen Schuhen einsam geworden, und nur hin und wieder wechselte er mit dem ein oder anderen paar Schuhe noch einige Worte, doch meistens endeten diese Gespräche in einem Streit. Besonders mit den roten Pumps verstand er sich bald gar nicht mehr und vermied letztendlich jeden Blickkontakt.

Am unerträglichsten aber war der Gipsabdruck vom Fuß seiner Verflossenen. Ihn hatte Klaus auf einer Holzplatte befestigt und an die Wand gehängt. Von dort oben übernahm das Teil aus Gips das komplette Kommando, und sogar die roten Pumps tanzten nach seiner Pfeife. Der Gipsabdruck stellte die perfekte Verkörperung ihres Wesens dar. Bald gab es auch zwischen ihm und der Gipsform nichts mehr zu sagen.

Ein Krieg entspann sich, und die anderen Schuhe nahmen Partei. Auch seine eigenen. Als sich alle,bis auf die blauen leichten Leinenschuhe, gegen ihn stellten, die ich aber sonderbarerweise eines Morgens in meinem Garten fand, von meinem Hund zerbissen und zerfetzt, wurde das Leben für Klaus zur Hölle.

Und als sein linker und ein paar Tage später auch der rechte braune abgewetzte Wanderschuh sich weigerten ihm zu passen, obwohl er sie seit Jahren abgöttisch liebte und sie immer gut gepflegt hatte, zog er die Konsequenz."

Wir schwiegen. Nur das Gluckern des Bieres durch des Erzählers Kehle und ein paar Vögel, die sich auf dem Gartenzaun stritten, waren zu hören. Dann, nach einer langen Pause, sagte der Nachbar: „Klaus wurde nie wieder gesehen. Das Haus samt Inhalt hat man verkauft. Nur die Schuhe wollte niemand. Sie hat ein Müllunternehmen abgeholt."

„Und der Gipsabdruck?", wollte ich wissen.

„Ich habe ihn vergraben, weit draußen in der Wüste. Ein tiefes Loch, und drauf gespuckt habe ich, bevor ich es zugeschüttet habe."

Mein Gastgeber verschwand in seinem Haus, um Nachschub an Flüssigkeit zu hohlen.

Ich saß in seinem Garten direkt neben dem, in dem Klaus gewohnt hatte. Die Sonne schien, es war angenehm warm. Die Vögel sangen jetzt und hatten ihren Disput beendet

Ich dachte an die Vergangenheit. Es waren mehr als dreißig Jahre her. Kurz nach der Schule verließ Klaus Deutschland. Er trampte durch die USA und sah sich die Welt an.

Ich blieb und versuchte, ein anständiger Mensch zu werden. Nach gut drei Jahren tauchte er wieder auf und wollte mich überreden, mit ihm zu gehen. Er erzählte Geschichten, richtige Abenteuer, und ich war kurz davor, mit ihm zu ziehen. Doch passte es nicht in mein Bild, das ich zu dieser Zeit von meinem Leben hatte.

Er ging, und wir sahen uns nicht wieder.

Jetzt, hier im Garten in einer Stadt in Nevada, fiel mir ein Lied von Hermann van Veen ein: „Möglicherweise ein Walzer, möglicherweise ein Blues“. Und wenn er die Zeile sang: „Du hattest ein lauwarmes Leben, ich wurde müde und satt“, dann glaube ich, dass es hin und wieder auch einige heiße Momente in meinem Leben gegeben hatte.

Ich blieb diese Nacht als Gast. Am nächsten Tag stieg ich in mein Mietauto und setzte meine Reise fort. Beim Abschied drückte mir der Nachbar die Hand und ich glaubte, etwas in seinen Augen aufblitzen zu sehen.

Ich war froh, diesmal gleich die richtige Abfahrt vom Freeway um Reno herum erwischt zu haben, ohne eine Ehrenrunde drehen zu müssen. Schon war ich auf der einsamen Landstraße.

Ich war mir sicher, dass ich meinen Freund irgendwann wiedersehen würde. Nicht unbedingt auf dieser Reise, aber ich wollte noch viele Reisen unternehmen.

Ich hatte jetzt ein Paar schöne gepflegte, braune Wanderschuhe in meinem Koffer.

Nach einigen Meilen, auf dem Weg zu meinem nächsten Ziel, kamen mir die folgenden Zeilen in den Sinn:

Schuhe

Schuhe die nicht passen wollen,
die übrig geblieben sind,
die mich an dich erinnern sollen,
an dich mein schönes Kind.

Schuhe die nicht billig waren,
braune, schwarze, weiße, rote,
hohe, flache und auch Sandalen,
gekauft für eine Ex-Verlobte.

Schuhe die getragen wurden,
von Füßen so zart und klein,
die jetzt die Welt erkunden,
auf der Suche nach dem Sein.

Schuhe die mich nicht verlassen,
die wie ich darüber nachgedacht,
man wird einfach stehengelassen,
weil die Mode sich geändert hat.

Mexican Hat, Utah 13.Oktober. Steaks und selbstgebackener Apfelkuchen.

Ein Käfer, groß wie ein Daumen mit einem Stück vom kleinen Finger, krabbelte auf dem Sandweg, der zum Fluss hinunterführte. Die Sonne, goldgelb, tanzte, auf einen Punkt verkleinert, auf seinem dunkelgrünen Körper. Die Stille ließ das Schlürfen seiner Beine und des Panzers auf dem roten Sand hören. Alles war rot. Eine Landschaft wie auf einem Bild, das eine Maschine gemacht hat, die weit entfernt einen Planeten besucht und eine fremde Welt fotografiert hatte.

Das Insekt unternahm seinen Abendspaziergang. Ich beschloss, mich ihm anzuschließen. Gemeinsam gingen, beziehungsweise krabbelten wir zum Wasser hinunter. Der San Juan River floss träge an uns vorbei.

Ich war nach dem Erlebnis des Grand Canyon, Las Vegas und der Nichtbegegnung mit meinem alten Freund einmal mehr froh, dass nicht grelles Licht, imposante Größe und eine traurige Geschichte meine Sinne in Anspruch nahmen. Allerdings, was das Letzte anbetraf, sollte ich am Abend nach einem üppigen Mahl noch eine Geschichte zu hören bekommen.

Oben an der Straße im Motel lehnte John Wayne als lebensgroße Pappfigur in einem der Fenster, die schon Jahre nicht mehr vom roten Staub gereinigt worden waren, und ich dachte, er würde sich auf ein Pferd schwingen und gleich an mir und dem Käfer vorbei in die Abendsonne reiten. Tat er aber nicht.

Wie mir die noch recht junge Besitzerin des Motels berichtete, war der Cowboy aller Cowboys stets Gast in ihrem Haus gewesen, wenn ein Western in dieser Gegend zu drehen war. Es wurden viele Westernfilme hier produziert.

Der Käfer drehte sich zu mir um und sagte, er müsse jetzt nach rechts, in Richtung Brücke. Unsere Wege trennten sich. Wir wünschten einander einen schönen Abend und noch ein langes Leben und verloren uns aus den Augen.

Der Ort heißt Mexican Hat, obwohl Mexiko viele hundert Meilen entfernt liegt. Die Siedlung trägt den Namen eines großen Felsens, der aussieht wie ein mexikanischer Hut.

Es gab außer dem Motel noch eine Tankstelle, ein paar zusammenstehende Häuser und ringsherum einige ziemlich verfallene Gebäude mit Pferdekoppeln, einigen Hunden, Eseln und Katzen, Schrottautos und ein Lokal, einen Saloon mit dem Geruch des Vergangenen. In einem General Store verkaufte eine mürrisch dreinblickende alte Indianerin alles, was man zum Leben braucht.

Ich war zu Hause. Wenn mich hier der Blitz treffen würde, obwohl das bei der Wetterlage recht unwahrscheinlich war, und ich sterben müsste, ich wäre zufrieden gewesen!

Die *Mexican Hat Lodge* war aus Holz gebaut, einstöckig, mit einer schmalen Balustrade auf der man um das ganze Motel schreiten konnte. Der Blick ging in die Weite, nur im Westen begrenzt von einer Bergkette.

Wenn es dämmert, wirft die Besitzerin einen Grill an und serviert Steaks. Diese Ruhe und Beschaulichkeit veranlasste mich, reichlich von den Steaks und dem gut gekühlten Bier zu naschen.

Als die Nacht begann, den Ort und die Berge zu verschlucken, saß ich auf der Balustrade vor meinem Zimmer und sah zu, wie das Licht dünner wurde. Dazu gab es Bier, lauten Grillengesang und den Wunsch, länger zu bleiben als eine Nacht. Dann begann die schon erwähnte Gutenachtgeschichte. Obwohl ich kein Lauscher bin und mich gewöhnlich zurückziehe, wenn etwas an meine Ohren dringt, das offenkundig nicht für meine Ohren bestimmt ist – und ich respektiere die Privatatmosphäre andere Leute –, blieb ich sitzen. Seien es die Steaks oder das Bier oder die ungewohnte Stille, wahrscheinlich alle drei Faktoren gleichzeitig, die mich träge werden und die Motivation für einen Gang an einen anderen Ort oder in das Bett nicht aufkommen ließen. Kurz, ich blieb sitzen und hörte dem Monolog zu.

Eine Männerstimme unter der Balustrade, auf der ich saß: „Du kannst dich unten an den Fluss setzen oder hier oben an die Straße zwischen den Müll, das ist egal, wenn du ein professioneller Trinker werden willst. Sie hat keine Wahl, sie wird zu allem schweigen. Hauptsache du bist da, kreuzt hin und wieder ihre Blicke und isst ein Stück von ihrem selbstgebackenem Apfelkuchen. Auf eine gewisse Art ist das Freiheit."

Ein paar Scheinwerfer näherten sich vom Ortseingang auf dem Highway 163, blendeten kurz auf und verschwanden mit dem Motorengeräusch in der Dunkelheit. In der Ferne konnte ich noch andere Lichteraugen erkennen.

„Der Laden hier läuft von alleine. Du kannst in Ruhe abwarten und alt werden.

St. Louis ist weit weg. Hier gibt es keine Musik, nach der du tanzen musst, und keiner steckt dir Dollars in den Hintern. All das Kranke und Verlogene kannst du zurücklassen und vergessen. Sie werden einen Anderen finden, der es ihnen besorgt. Bestimmt."

Ein später Vogel flog laut rufend über das Motel. Die Stimme hatte innegehalten. Dann, lauter als notwendig, als wolle der Sprecher böse Geister vertreiben, die gegenüber auf der Pferdekoppel warteten, setzte er wieder an: „Wenn es dir mal schlecht geht, oder wenn du das Bedürfnis nach Nähe und Wärme suchst, kannst du deinen Kopf an ihre Schulter legen oder an ihren riesigen Busen. Sie wird dich lieben und das Geld – vergiss es, ich hab mehr als genug und sie kann es wirklich gut gebrauchen. Hier ist einiges zu machen."

Ich sah mir die Holzwände an und nickte zustimmend. Obwohl mir der Charme der alten Balken und Bretter gut gefiel.

„Sicher, es wäre mir lieber, wenn du mit mir kommen würdest, aber seien wir ehrlich, was würde werden? Wärst du mein Geliebter, meine rechte Hand oder, wie sie in der Galerie sagen würden: Mein Wasserträger, den ich in St. Louis in der Gosse aufgelesen und mir jetzt als Mitbringsel, sozusagen als Andenken, mitgebracht habe. Sie würden dich nicht akzeptieren. Glaub mir, in diesen Kreisen ist so jemand wie du nur verachtenswert.

Ja, wenn du mich lieben würdest, könnte ich neu anfangen, irgendwo. Los Angeles ist nicht die einzige Stadt, um mit Kunst zu handeln. Beileibe nicht. Aber ohne Liebe?"

Der Mond hatte die Sonne abgelöst, etwas milchig im Gegensatz zu den Sternen, sah er aus wie in den Himmel hinein retuschiert. Allerdings von nicht fachkundiger Hand. Das Grillenkonzert wurde, wie von einem unsichtbaren Regler, auf Zimmerlautstärke reduziert.

„Hier wirst du es gut haben. Und so einen hübschen Jungen kann diese Einöde gerade gut gebrauchen. Obwohl ich es mir, ehrlich gesagt, nicht so richtig vorstellen kann, wie du, in schlabbrigen Jeans und verschwitztem T-Shirt, abends der Witwe Steaks auf den Schwenkgrill legst. Und den paar Durchreisenden Zimmerschlüssel in die Hand drückst.

Du lächelst.

Ja, dieses Lächeln! Dieses unschuldige Lächeln. Könnte ich das nur mitnehmen!

Ich denke, dass du alles wusstest oder ahntest. Dass wir gemeinsam von St. Louis fortgingen, auf diese Fahrt, bis zu diesem Ort. Wie hast du dich entschieden hier zu bleiben? Hast du mit dem Finger und geschlossenen Augen auf die Straßenkarte gezeigt und dir gesagt: Das ist der Platz, an dem ich leben und auch sterben will? Und dass sich die Witwe in dich vergucken würde? Na, das ist nun wirklich deine kleinste Kunst. Schließlich habe ich mich auch in dich verliebt. Ja, ja, mach dir keine Gedanken, du hast mir nichts vorgespielt, das ist auch in Ordnung, und vielleicht hätte ich dich gar nicht gefragt, ob du mit mir kommen möchtest, ob du dort heraus wolltest, wenn du dich mir an den Hals geworfen hättest."

Ein Streichholze zischte, und kurze Zeit später nahm ich den Duft und das Aroma einer Zigarette war.

„Du solltest wirklich mit dem Rauchen aufhören."

Ein tiefes Lachen.

„Entschuldige, ich lache natürlich nicht über dich. Es ist nur so, dass ich mich wieder wie ein altes Weib anhöre, das ihren Ehemann gängelt. „Hör mit dem Rauchen auf, lass das Trinken und häng nicht jeden Abend mit deinen Freunden herum. Ich denke, du kannst dich dreifach glücklich schätzen, du hast die Witwe und das Motel und musst nicht meine Zickerei ertragen. Ich kann schon ziemlich nervtötend sein, ich weiß. Aber erzähl, wenn du mich Mal in Los Angeles besuchst, keinem, dass ich das zugegeben habe, sonst wäre mein Ruf dahin.

Ich würde mich wirklich freuen, wenn du dich mal melden würdest. Wenigstens eine Weihnachtskarte und eine zu Thanksgiving.

Machst du nicht, ich weiß, brauchst nicht mit den Schultern zucken, es ist alles in Ordnung.

Ich hoffe, dass es dir hier gut geht, auch ohne ein Trinker zu werden. Und wenn du mehr Geld brauchst, lass es mich wissen, ich gebe gerne."

Vom Klang her kullerten Eiswürfel in ein Glas. Dann goss jemand Flüssigkeit nach. In der Stimme schwang jetzt Melancholie mit.

„Ich habe dich das erste Mal gesehen und habe gedacht: Was für ein zerbrechliches Wesen. Ein Beschützerinstinkt. Ein Gefühl, Verantwortung zu übernehmen, ja.

Na, das kann jetzt die Witwe. Vielleicht solltest du ihr heute noch sagen, dass du bleibst. Sie schläft bestimmt besser. Als sie beim Abendessen von ihrem verstorbenen Mann erzählte, dass er einige Jahre jünger war als sie und ihr das Motel hinterlassen hat, fand ich, hat sie dir praktisch einen Heiratsantrag gemacht. Ich glaube, hier in der Gegend interessiert es niemand, wie alt einer ist oder woher er kommt. Hauptsache, du sorgst für einen Erben. Schüttle nicht den Kopf, es ist mein Ernst, und wenn ich noch einmal ehrlich sein darf, würde es mich freuen, wenn ich Großvater werden würde. Sozusagen. Du bist mein Sohn und, ach ich werde schon wieder sentimental. Schluss damit! Lass uns schlafen gehen. Ich hab morgen eine lange Fahrt vor mir.“

Am nächsten Morgen, vor dem Frühstück und vor der Weiterfahrt, machte ich einen Spaziergang zum San Juan River. Ich dachte, ich sähe den Käfer vom Vorabend wieder.

Ein paar Meter vom Wasser entfernt entdeckte ich im roten Sand ein Schachspiel aufgebaut. Einfach im Sand ohne Brett, nur die Figuren standen sich gegenüber. Die schon geschlagenen lagen auf der Seite des imaginären Spielfeldes. Weiß schien im Vorteil zu sein. Obwohl ich kein guter Spieler bin, sah es so aus, als würden die Schwarzen verlieren.

Wer baut hier draußen ein Schachspiel auf? Skurril.

Ich überlegte, ob ich für eine Seite Partei ergreifen und einen Zug wagen sollte!? Doch für wen, Schwarz oder Weiß? Sollte ich dem Glück nachhelfen oder es verhindern. Hatte Schach denn überhaupt etwas mit Glück zu tun? War es nicht das Können, das Wissen und die Taktik, die das Spiel von allen anderen unterscheidet. Und wäre es fair, einem der Spieler zu helfen, indem sich meine Gedanken für ihn als glücklichen Umstand erweisen würden? Nein, es sollte eine Partie bleiben, wo jeder seine eigenen Entscheidungen traf! Ob sie nun richtig oder falsch sind. –

Nach dem Frühstück, ohne den Käfer wieder gesehen zu haben, gab ich meinen Schlüssel bei der Besitzerin des Motels ab. Sie hatte wirklich einen ziemlich großen Busen.

Gallup, New Mexico 16.Oktober. Rhonda tanzt nicht mehr.

„Ich habe getanzt.“

Sie tanzte.

„Ich war gut.“

Sie war gut.

„Aber ich habe nie einen rangelassen.“

Sie hat nie einen rangelassen.

„Dann hatte ich keine Lust mehr.“

Die Frau zog das rechte Bein nach.

„Ich war auch mal verheiratet, das war in Albuquerque, hielt aber nicht lange. Er trank, und wenn er zuviel hatte, schlug er mich. Die alte Geschichte. Ich glaube, jetzt sitzt er im Knast.“

Ich musste an das Schild denken: „Don’t stop for Hitchhikers“, an dem ich kurz nach Santa Fe vorbei gefahren war. Es warnt davor, Anhalter mitzunehmen. Diese könnte aus der örtlichen Haftastalt geflohen sein.

Meine Beine machten kreisende Bewegungen. Kleine Wellen verzerrten den gekachelten Boden des Pools.

„Gibt es in Deutschland auch Table-Dancing?“

Bestimmt, aber ich hatte noch nie so was von Innen gesehen. In New York stand ich vor einem solchen Etablissement, aber die Preise!

„Die meisten Männer denken, dort kann man Frauen kaufen. Aber das ist Quatsch. Table-Dancing ist Kunst, wie andere Tänze auch. Das mit dem Bein ist mir erst später passiert, ein Unfall!“

„Mhh.“

„Das hier, ich meine das Putzen, mach ich auch nicht ewig, ist bloß ein Job. Ich werde irgendwann wieder in eine richtige Stadt gehen. Mit dem Tanzen wird’s ja nichts mehr, aber es gibt auch noch andere Sachen, die ich machen kann. Ich habe schließlich mal eine richtige Ausbildung im Tanzen angefangen.“

In Gallup, an der legendären „Route 66“, reiht sich über zwei Kilometer Motel an Motel. Auf dem Weg nach Süden, zur mexikanischen Grenze, hatte ich mir ein Zimmer genommen. Die hell erleuchtete Stadt sah aus wie eine überdimensionierte deutsche Raststätte.

Am nächsten Morgen nahm ich vor dem Frühstück und der Weiterfahrt ein Bad im Pool.

Ich lehnte, auf den Oberarmen abgestützt, am Beckenrand und plantschte sanft mit den Füßen und spielte Wellenbad.

Die Reinigungsfrau, etwa Ende Zwanzig, stützte sich auf ihren mit Putzmitteln, Lappen, Toilettenpapier und was man sonst noch braucht, um ein Motelroom für den nächsten Gast herzurichten, ausgestatteten Handwagen und sah mir schräg von hinten beim Wellenbaden zu. Ich musste mein Kopf drehen, um ihren Namen auf einem Schild, festgemacht an einem taubenblauen, Arbeitskittel lesen zu können.

Dass ich aus Deutschland kam, hatte Rhonda gesprächig gemacht. Ihr Onkel war in der Nähe von Heidelberg als GI stationiert gewesen. Sie selbst hatte noch nie Europa besucht, ja selbst aus den USA war sie noch nicht herausgekommen.

„Einmal war ich an der kanadischen Grenze, aber rüber bin ich nicht gegangen."

Geboren in Seattle, hatte Rhonda die meiste Zeit ihres Lebens dort verbracht, und erst durch die Heirat war sie in den Mittleren Westen gekommen.

„Wissen sie, es war ein guter Job, das Tanzen, nicht wie viele denken, „schmutzig" oder so, nur weil man nichts an hat, im Halbdunkeln des Lebens, sozusagen. Da erlebt man hier schon ganz andere Geschichten. Das kann ich Ihnen sagen. Was hier für merkwürdige Typen durchkommen.

Der eine zum Beispiel ist ein paar Monate her, blieb drei Tage, und dann hätten sie mal das Zimmer sehen sollen. Der muss da so etwas wie ein Labor aufgebaut haben, als er weg war, waren lauter Löcher im Teppich und im Bett, als wenn er da Säure oder so'n Zeug ausgeschüttet hätte. Ich durfte die drei Tage nicht ins Zimmer, um saubermachen. Dann hat der Besitzer des Motels das Zimmer erst einmal renovieren lassen. Ging alles auf die Kreditkarte des Typen. Hat dem gar nichts ausgemacht. Hat nur gesagt: „Ziehen Sie's ab."

Und das Ehepaar vor zwei Wochen, was die für eine Show abgezogen haben, wir mussten den Sheriff holen, so haben die sich aufgeführt."

Was das Ehepaar im einzelnen gemacht hatte, erzählte mir Rhonda nicht. Es musste aber heftig gewesen sein, wenn sogar der Sheriff persönlich eingegriffen hatte. Und was in einem Motel alles vor sich geht, konnte ich mir schon denken.

Es war in dem Motel in Phoenix, in der Nähe des Flughafens, meine erste Nacht in Arizona. Als ich gerade eingezogen war, bemerkte ich vier junge Männer. Sie standen um einen alten Wagen herum und beobachteten die Zimmer.

Mir war nicht ganz wohl bei dem Anblick, den sie mir boten. Später sah ich, dass sie auf einen Mann gewartet hatten, mit dem zwei von ihnen in einem Zimmer am Ende des Ganges verschwanden. Es wäre wahrscheinlich nichts Besonderes daran gewesen, wäre nicht die Besatzung von drei Polizeiwagen dazwischen gegangen. Für mich schon ziemlich abgefahren, aber laut Rhonda ganz normal in amerikanischen Motels.

„Beim Tanzen war ich wie in einer anderen Welt. Das Nacktsein hat mir überhaupt nichts ausgemacht, und die Kolleginnen waren sehr nett. Eine richtige Familie."

Ich versuchte mir, ihren nackten Körper in ihrer ehemaligen „Arbeitskluft" unter dem Kittel mit dem Namensschild „Rhonda" vorzustellen.

Ich musste niesen, sie reichte mir ein Kleenex.

„Sie müssen aufpassen, eine Erkältung in der Wüste ist sehr unangenehm."

Ich empfinde eine Erkältung immer als unangenehm.

„Irgendwie mag ich den Job hier. Man trifft Menschen, und keiner schubst einen herum. In Albuquerque habe ich in einer Fleischfabrik gearbeitet. Waren Sie schon mal in Albuquerque?"

„Nein."

„Ganz nett, aber es kommt immer darauf an, wer und was man ist. In der Fleischfabrik war es ziemlicher Müll. Gut, hier ist nicht viel los, und nach zehn heulen die Kojoten, und den Sternenhimmel kennt man auch nach einer gewissen Zeit.

Fields of Diamonds in the Sky."

Rhonda tat, als betrachte sie die Sterne und ich wollte sehen, ob ihre lyrische Beschreibung zuträfe, konnte aber vor Sonnenstrahlen den Himmel gar nicht sehen. Ihr machte das nichts aus, und als ob es finstere Nacht wäre erklärte sie: „Sterne mochte ich schon immer. Schon als Kind wollte ich sie immer anfassen. Ich fand es schade, nicht mit ihnen spielen zu können. Dann sah ich im Kino diesen Tanzfilm, mit Travolta, da wusste ich, dass ich auch tanzen würde. Wenn ich schon nicht die Sterne bekam, wollte ich selber einer werden. Ganz schön pathetisch, was?

Nicht sehr. Ich konnte sie verstehen.

„Ich wollte natürlich nicht auf Tischen tanzen, wenn Sie verstehen, was ich meine?

Ich habe damit meine Ausbildung bezahlt. Ich hätte auch Kellnern oder so einen Job wie hier machen können, aber … "

Sie wurde unruhig und begann, während sie weitersprach, wie automatisch ihren Putzmittelwagen zu untersuchen, ob etwas fehlen würde für die Reinigung eines Zimmers.

„Als ich in Seattle aufgehört habe, dachte ich, ich könnte in Albuquerque im Theater anfangen. Hab auch vorgetanzt."

Rhonda sah sich um und zeigte zum Büro, vor dem ein Wagen stand und neue Gäste in das Motel eincheckten.

„Ich glaube, ich muss mich wieder an die Arbeit machen. Bleiben Sie länger? Nach dem Frühstück? Zur mexikanischen Grenze? Bisbee, ja nettes Städtchen, bisschen verrücktes Volk. Nein, war nie da, hab nur von reden gehört. – Wenn Sie ein gutes Frühstück suchen, die Straße runter, ganz oben, fast am Ende, gibt es einen netten Laden mit gutem Essen. Virgies, Restaurant & Lounge. – Ja, genau. Gestern Abend? – Und wie fanden Sie es?“

„Gut.“

„Haben Sie auch die Salatbar probiert? – Na klar, die Steaks sind wirklich das Beste in dem Laden. Die machen aber auch ein gutes Frühstück. –

Na dann, Gute Fahrt!“

Bisbee, Arizona 18.Oktober. Eine Flasche voll Erinnerungen.

Bisbee, in Nähe der mexikanischen Grenze, war und ist ein Eldorado für Hippies und Anhänger schulterlanger Haare. Es gibt jede Menge alte VW-Busse und junge Hunde. Ein paar Alte gibt es auch, und wenn man einen von den Hunden des Abends bei einem kleinen Spaziergang aufregt und zum Bellen animiert, braucht man für das anschließende Konzert aus Jaulen, Bellen und Kläffen, das sich über den ganzen Ort erstreckt, keinen Eintritt zu zahlen. Die mexikanische Grenze liegt nur einen Steinwurf entfernt.

Ich übernachtete im „The Bisbee Grand Hotel“, einem Gebäude aus den letzten Jahren des 19. Jahrhunderts, das der Besitzer, auch ein Langhaarträger, liebevoll im viktorianischen Stil hergerichtet und restauriert hat. Die Zimmer, alle unterschiedlich eingerichtet, sind mit Plüsch, alten Bildern, Antiquitäten und Erinnerungen aus längst vergangenen Zeiten vollgestopft. Laut Prospekt: „A Bed and Breakfast Inn of Victorian Elegance.“ Für interessierte Leser hier die Adresse: Grand Hotel, 61 Main Street, P.O. Box 825, Bisbee, Arizona

85603, USA. – https://bisbeegrandhotel.com/bisbee-grand-hotel-owners.aspx

Ich war der einzige Gast.

Im Saloon, gleich im Haus, stand der Langhaar-Hotel-und-Saloonbesitzer hinter dem Tresen und schenkte Getränke aus. Wir kamen ins Gespräch und da ich sagte, ich wäre an der Geschichte des Hotels interessiert, drückte er mir ein abgegriffenes Buch in die Hand. Es war ein Band über Bisbee und Umgebung. Nach dem Zustand des Buches zu urteilen, hatte es schon einigen Durchreisenden als Abend- und Bettlektüre gedient.

Ich beschloss, mich nach einem Abendspaziergang durch das Städtchen in mein Zimmer mit dem hübschen Namen „The Silhouette Room", ausgestattet mit Korbmöbeln und Korbbett, zurückzuziehen und vor dem Schlafen in dem Buch zu blättern.

Auf der ersten Seite stand ein Satz, eine Beschreibung, die noch aus der großen Zeit der Stadt mit fast 25.000 Einwohnern stammte und heute nicht mehr ganz so zutraf. „… the liveliest spot between El Paso and San Francisco". Nach Allgemeinem über Bisbee, Blüte um die Jahrhundertwende, Abwanderung des größten Teils der Bewohner wegen mangelndes Ertrags der Minen und schließlich Neubesiedelung in den Sechzigern durch Künstler aller Schattierungen, die das milde Klima und die Nähe Gleichgesinnter suchten, kam ich zu den Geschichten, die in dem Buch erzählt wurden.

Schon etwas müde überblätterte ich die Seiten und sah mir die alten Bilder an. An einer Seite war ein Eselsohr angebracht, und ich betrachtete das Foto auf dieser Seite mit besonderer Aufmerksamkeit. In einer Gruppe von Frauen und Männern, aufgenommen vor dem Eingang des Tanz- und Theatersaales im Grand Hotel, entdeckte ich ein Gesicht, das mir bekannt vorkam. Ich lass die Unterschrift unter dem Bild: „Mitglieder einer Schauspieltruppe aus San Francisco bei einem Gastspiel in Bisbee, Arizona im Jahr 1901."

Es war unmöglich, aber das Gesicht trug die Züge meines Freundes Klaus, den ich in Reno vergeblich gesucht hatte.

Es klopfte an meiner Tür.

Als ich sie öffnete, war niemand da. Ich lauschte einen Moment und ging dann durch den leeren Flur auf die andere Seite des Hotels, wo ein großer Balkon über die Main Street hinausragte. Die Straße lag still. Der Ort lag still.

Von links näherten sich Schritte. Ich bemühte mich, die spärlich beleuchtete Straße hinunter zu blicken, konnte aber niemand erkennen.

Die Gleichmäßigkeit des Ganges verriet einen Menschen, der sich Zeit ließ.

Klack, klack, klack, klack, tick, klack, klack, klack, klack, tick, klack.

Nach jedem vierten Schritt ein kurzes Tick.

Klack, klack, klack, klack, tick, klack, klack, klack, klack, tick, klack …

Ein Echo sprang von den gegenüberliegenden Häusern zurück.

Jetzt musste der nächtliche Spaziergänger genau unter dem Balkon vor der Hoteltür stehen.

Ich muss gestehen, dass mir unheimlich wurde. Ich konnte immer noch niemanden sehen. Die Straße und der Ort waren menschenleer. Kein Licht war in den Fenstern, und nicht einmal ein Hund bellte irgendwo. Das machte mich am meisten unruhig. Sollten die Einwohner von Bisbee evakuiert worden sein? War ein Virus über Arizona gekommen, oder sind am Ende

Außerirdische gelandet, die alle Bewohner gekidnappt hatten und nun ein Lösegeld von der amerikanischen Regierung erpressen wollen? In Amerika war alles möglich, und Hollywood lag nicht allzu weit. Aber warum haben die Fremden mich nicht mitgenommen. Ein wenig enttäuscht wandte ich mich ab, um zurück in mein Zimmer zu gehen und nachzudenken, wie ich weiter vorgehen sollte.

Ein Schlüssel drehte im Schloss, die Schritte kamen die Treppe herauf. Ich ging an das Geländer und sah hinunter. „Also, wenn das kein Geist ist, ist noch jemand am Leben“, dachte ich, freute mich und sollte gleich denken, ein Gespenst vor mir zusehen.

Tap, tap, tap, tap, pop, tap, tap, tap, tap, pop, tap … auf dem roten, plüschigen Teppich.

„Hier, Junge“, knarrte eine Stimme „wo starrst du denn hin?“

Ich drehte mich um.

Hinter mir lehnte Charles B an einem großen nussbaumfarbenen Büfett, drehte einen Spazierstock zwischen den Fingern und grinste mich an.

„Aber wie sind Sie denn so schnell die Treppe heraufgekommen?“, fragte ich ihn, und er war schon auf der anderen Seite der Treppe.

„Für ein Gespenst ist Geschwindigkeit keine Hexerei“, lallte er ein wenig, die Worte schwer im Mund umdrehend. Er nickte mir zu und ich folgte ihm in die Oriental Suite.

Die bestand aus drei Räumen. Einem Salon mit einem ausgestopften Pfau in einer Ecke, der imponierend dazu verurteilt war, bis ans Ende aller Tage sein Rad zu schlagen. Ein Schlafzimmer mit einem riesigen Bett, das aussah, als ob Heinrich der Achte, Ludwig der Vierzehnte und Mark Twain auf ihren Reisen darin geschlafen hatten. Vermutlich sogar alle drei gleichzeitig.

In der Mitte des Bades lud eine Wanne, von einem Holzofen mit warmen Wasser gespeist, zum Verweilen ein. Es hätte mich nicht gewundert, wenn ich John Wayne in dieser Badewanne vorgefunden hätte.

Aus dem Salon dieser Westernfilmkulisse vernahm ich die knarrige Stimme von Charles B. Er saß mit einem Glas in der Hand auf einem alten Kanapee.

„Sag es ruhig, wenn ich Unsinn rede, und wenn dieses verdammte Wort fällt, das so verdammt kitschig klingt. Ich habe meine sentimentalen fünf Minuten. Wie immer, wenn ich aus dem Glas der Erinnerungen trinke."

Und er nahm einen für einen Geist, aber auch für einen lebenden Menschen, gewaltigen Schluck aus seinem Glas der Erinnerungen. Er sah irgendwie komisch aus auf dem Kanapee mit seinem zerknitterten Hemd und seinen Hosen mit Hosenträgern und einem Gürtel. Seine Stiefel hatte er mit ein paar Badelatschen vertauscht, in denen seine bloßen Zehen mit dem Halteband spielten. In seinem unrasierten vernarbten Gesicht, steckte ein Zigarillo, und der Rauch zog in blauen Fäden zu seinem grauen, nach hinten gekämmten Haar hinauf.

Merkwürdig, träumte ich, wie selbstverständlich man in Träumen ein einmal gesehenes Bild einbaut. Dass er mit mir Deutsch sprach, lag wahrscheinlich daran, dass ich wusste, dass er in Deutschland geboren ist.

„War, mein Junge, war. Jetzt bin ich tot und begraben und außerdem habe ich seit 1922 in den Vereinigten Staaten von Amerika gelebt. Also, wie euer Adam Riese rechnete, war ich zwei Jahre alt, als ich Amerikaner wurde. Eine verdammt lange Zeit für einen Amerikaner, findest du nicht, Junge?"

Ich konnte diese Frage nicht beantworten und Mister Charles B. hatte wohl auch keine Antwort von mir erwartet, denn er wechselte das Thema.

„Ich habe es wirklich oft versucht, so zu sein wie andere mich sehen wollten. Hab's aber nie geschafft. Die Schale schützt einen jungen Vogel vor Verletzung und manchmal auch einen alten."

Er lachte, und einen Moment lang hatte ich die Befürchtung, er würde ersticken, als er sich gleichzeitig den Rest der Erinnerungen aus der Flasche in seinen Hals schüttete.

„Ja, mein Junge, das waren noch Zeiten, als ich meinen Namen in einer Zeitung an irgendeinem Kiosk gelesen hatte und dann mit irgendeiner Rothaarigen auf ihrem Besen durch die Nacht geritten bin. Voll mit Bourbon oder Wein oder Bier."

Ich nickte, schließlich wusste ich, wer mein Gegenüber war.

„Und ich kannte eine Menge Rothaarige in den guten alten Zeiten. Du musst die Welt benutzen. Du musst das Leben benutzen, es dir zurecht kneten und formen, bis du die perfekte Figur in den Händen hältst. Aber pass auf, dass sie nicht", er hob den Zeigefinger und fuhr mehrdeutig fort, „hart wird. Du musst ständig dafür sorgen, dass sie elastisch bleibt. Sonst wirst du auch steif wie eine verdammte Holzpuppe. Und dann", er nahm einen Bleistift, der neben dem Kanapee auf einem Beistelltisch lag, und brach ihn in der Mitte durch. In das Knacken des Holzes, das klang als fiele ein Zweizentnersack in einen Swimmingpool, trat Rhonda in die Oriental Suite. Sie war bekleidet, wenn man es so nennen kann, als würde sie gleich auf dem Tisch einen Tanz aufführen. Sie trug ein silbernes Tablett mit einer neuen Flasche Erinnerung für Charles B. Der nutzte die Gelegenheit, um die Toilette aufzusuchen, um mal zwischendurch den „Hahn aufzudrehen." Nach einer Weile kam er wieder und hatte sich bequeme Shorts angezogen. Ein weißer Rand um seine sonst braunen Oberschenkel deutete an, dass er diese Beinkleider des öfteren trug.

Der Deckenventilator surrte leise. Rhonda sah mich lächelnd von der Seite an, während sie das Glas des Schriftstellers randvoll mit Erinnerung goss. Ein wenig schwappte über, und Charles B. beugte sich nach vorne, um das Zeug genüsslich in sich hinein zu schlürfen, ohne seine Hände zu benutzen.

„Jetzt willst du bestimmt die verdammte Wahrheit hören, habe ich recht? Alle wollen die Wahrheit hören. Ich war schon in vielen Träumen, du glaubst gar nicht, in wie vielen. Aber hier ist es angenehmer, das sage ich nicht nur so, wegen …"

Er zeigte auf die sich aus dem Zimmer entfernende Rhonda, die übrigens nicht mehr hinkte.

„Und das Zeug hier ist auch okay, Prost.– Hab schon schlechtere Besuche abstatten müssen. Weißt du, Junge, das ist das Schicksal von Geistern und von Berühmten. Jeder X-Beliebige kann sie in seine Träume hineinwünschen. Was da manchmal für ein Stuss abgeht. Am schlimmsten sind die Verehrer. Nicht auszuhalten, was die alles wissen wollen, und dann haben sie nicht einmal einen ordentlichen Schluck zum munterwerden."

Er trank das Glas aus, und da Rhonda nicht da war, goss er sich alleine nach.

„Und so nette Damen haben die meisten auch nicht in ihren Träumen."

Nun trank er noch einen Schluck auf Rhonda, und weil ich so ein netter Junge war, trank er auch noch einen Schluck auf mich.

„Was hast du von mir gelesen?"

„Einen Gedichtband."

„Ohh."

„Und ein Buch über Ihr letztes Interview, Mister Bu…", beeilte ich mich, seine enttäuschte Miene durch die Tatsache aufzuhellen, dass ich noch ein Buch, zwar nicht von aber doch über ihn, gelesen hatte.

„Sag Hank zu mir. – Naja das ist natürlich nicht sehr viel. Dann gehörst du wohl nicht zu diesen verrückten Freaks, die alles aufsaugen, was man schreibt, und selbst einen Rülpser, der einem zufällig zwischen zwei Drinks rausgerutscht ist, als Bekenntnis zum Saufen und gegen das Establishment preisen. Ich habe einige getroffen, schlaue Köpfe übrigens, die mehr Wert darauf gelegt haben, über meinen Konsum von Alkohol zu reden und zu schreiben, als über meine Arbeit. Ich glaube, deren Problem war, dass sie nicht so viel vertrugen wie ich. Ich gebe zu, durch ein bisschen Pulverdampf laufen gewisse Dinge besser. Und wenn einen andere ernster nehmen, als man sich selbst, ist das auch ganz okay! Und Geld gibt's auch noch. Also was soll's.

Wieso hast du mich eigentlich eingeladen zu dieser Party, wenn du nicht so viel von meinen Sachen kennst?", brachte mich Hank ein wenig in Erklärungsnot. Ich hatte erst einen Gedichtband gelesen, aber ich hatte mir fest vorgenommen, noch mehr zu lesen. Ich wollte ihn eben mal vorher kennenlernen, sehen, was er so für ein Mensch ist, deshalb hätte ich ihn eingeladen.

Das gefiel ihm und auch, dass ich Tom W. hätte einladen können. Aber erstens hatte ich Tom schon in einem anderen Traum getroffen,und zweitens wollte ich nicht riskieren, dass die beiden sich vielleicht nicht mochten.

„Now the dogs are barking and the taxi cabs parking. A lot they can do for me. I begged you to stab me, you tore my shirt open. And I'm down on my knees tonight", rezitierte Hank einen Text von Tom W. „Also wer so etwas schreibt muss mein Freund sein. Auch wenn ich seine Geschichte, dass er auf dem Rücksitz eines Taxis geboren ist, nie ganz glauben konnte."

In Sprüchen hinkte Hank Tom allerding nicht hinterher. Mir fiel ein Zitat aus einem seiner Briefe ein: „Ich halte nicht viel von Moral, aber Anstand ist eine ganz gute Sache."

„Der ist gut!", schlug er sich auf seine Schenkel, dass es klatschte. „Das könnte von mir sein! Stand das in dem Gedichtband? – Nein? Aber vielleicht die Geschichte mit dem Pissen im Fahrstuhl? Ha ha, siehst du, ich habe meine Storys auch gelesen. Es ist nicht wichtig, wie viel man liest und sieht, sondern wie.

Es ist dir doch klar Junge, dass alles, was ich sage, aus deinem Gehirn kommt. Außer Zitate aus diesem Buch von mir, das du gelesen hast."

Jetzt verunsicherte Hank mich. War das schon der Moment aufzuwachen?

Licht drang von der Straße durch die dicken Samtvorhänge in die Suite. Ich ging an das Fenster und schob die Verdunklung und die Spitzengardinen zur Seite und sah hinunter auf die Main Street.

Riesige Scheinwerfer erhellten die Nacht. Sie standen auf dem Parkplatz gegenüber und beleuchteten das Grand Hotel. Davor, mitten auf der Fahrbahn, hatte sich ein Fotograf hinter einem dieser alten Fotoapparate mit Platte positioniert und gestikulierte mit den Armen und schrie Anweisungen durch eine Flüstertüte aus Metall.

Ich schob das Fenster hoch und lehnte mich hinaus, um besser zu sehen, was vor dem Hotel vor sich ging.

Menschen in Kleidern aus der Jahrhundertwende hatten sich zu einem Foto aufgestellt.

„Ist das nicht dein alter Kumpel Klaus? Der da, in der Mitte!?"

Charles B. hatte sich auf meine Schulter gelehnt und sein Atem, nach feinstem Bourbon duftend, breitete sich aus und schwebte an meinem Ohr vorbei in meine Nase. Er hatte recht, es war Klaus. Ich erkannte ihn an seinem typischen Gesichtsausdruck. Etwas spöttisch sah er in die Linse des Fotografen.

„War er es nicht, der dir von mir erzählt hatte? Damals in der Schule. Und von diesen Pilzen, Mescalero oder so? Ach nein, das ist ja ein Indianerstamm. Aber so ähnlich hieß das Zeug doch. Du solltest mal einen Schluck aus der Pulle nehmen, wirkt Wunder. Da war doch auch die Kleine, wie hieß sie noch?"

Warum musste er jetzt davon anfangen? Ich hatte nicht gewollt, dass ich dachte, was er sagte. Und an sie wollte ich nun schon gar nicht erinnert werden.

„Die Liebe ist wichtig, aber man darf sie nicht so ernst nehmen. Dann kann man leicht etwas zerstören, was mit ein wenig mehr Gelassenheit und einer kleinen Portion Humor wieder gekittet werden kann."

Charles B. spielte auf meinen Starrsinn an, der mir schon oft Wege im Leben verstellt hatte.

„Man muss auch mal Fünfe gerade sein lassen und nicht immer so verkniffen auf die Welt von oben herabsehen. Denn wenn die Augen zugekniffen sind, kannst du nur die eine Hälfte sehen, und glaube mir, Junge, die andere Hälfte der Welt ist mindestens genauso spannend. Aber manche Menschen haben es schwerer als andere. Vor allem, wenn man so ein Blödmann ist wie du."

Das ging doch zu weit. Sich in seinem eigenen Traum beleidigen zu lassen, ist schon ein starkes Stück. Und als er auch noch von „Schnepfe" und sie war „gar keine richtige Schlampe", für die es sich lohnen würde zu leiden, sprach, wollte ich dann doch lieber aufwachen.

„Sei bloß nicht gleich beleidigt. Und übrigens würde Tom dir das Gleiche sagen.“

Da hatte er recht. Wenn man sich solche Figuren zu seinen nächtlichen Phantasien einlädt, muss man auf alles gefasst sein.

Er zog mich sanft an der Schulter vom Fenster in seine Suite zurück und schloss die Flügel. Wir setzten uns wieder. Charles B. drehte an einem Schalter, der rechts neben der Sofalehne an der Wand angebracht war und der Lärm auf der Straße wurde leiser, um schließlich ganz zu verstummen. „Praktisch, so ein Lautstärkeregler. Wenn einem was nicht passt, blendet man es einfach aus. Gibt es aber nur in Träumen“, las er meine Gedanken. „Für das Leben gibt es so etwas nicht. Dem muss man sich stellen. Auch wenn vieles schief läuft. Wenn dich das Leben bescheißt oder diese verdammten Bosse der Illusionsfabriken die Tore vor deiner Nase schließen und du mit deiner Botschaft stempeln gehen musst. Das ist hart. Aber du brauchst deinem Traum ja nichts von der verdammten Wirklichkeit da draußen zu erzählen, er braucht nicht zu wissen, dass es sie gibt. Dann prallt es von der Seele ab. Doch eine nicht erfüllte Liebe schleppst du dein Leben lang mit dir herum.“

Ich fragte mich, ob Traumgestalten in die Seele derer sehen können, denen sie erscheinen. Und wenn, ob sie Ratschläge und Hilfe geben können und ob das wie eine Selbsttherapie wirkt. Ich hätte an Stelle von Charles B. vielleicht lieber Sigmund F. in meinen Traum einladen sollen.

„Du brauchst keine Angst vor deinen Ängsten zu haben, Junge, sie gehören zum Leben wie das Trinken und wie das Liebe machen. Und wie das Sterben.“

Wenn einer was vom Trinken und von der Liebe verstand, dann Charles B.

„Und vom Tod!“, ergänzte der Schriftsteller, der schon wieder meine Gedanken las, mit einem leichten Anflug von Stolz. „Darüber weiß ich auch Bescheid.“

Der Tod – eines meiner Themen, die mich so regelmäßig beschäftigen, dass ich aufpassen muss, dass es nicht zu einer schlechten Angewohnheit wird.

„Da mach dir mal keine Sorgen“, hatte sich der Dichter erhoben und mir kräftig auf die Schulter geschlagen. „Schlimmer ist es, wenn die Liebe nicht mehr so richtig klappen will. Was nicht heißen soll, dass ich da je ein Problem damit gehabt hätte“, drohte er mit dem Finger. „Keine falschen Beschuldigungen.“

Charles B. nahm die Flasche vom Tisch und grinste über das ganze Stoppelbartgesicht. „Ich werde mal nach Rhonda sehen, ob ich ihr in der Küche etwas zur Hand gehen kann.“

In der Tür drehte er sich noch einmal um. Das Lächeln war verschwunden.

„Übrigens, wusstest du, vor dem Leben hatte ich auch Angst – und vor dem Sterben“.

Ich wusste. Ich hatte die Gedichte gelesen.

Arizona, 19.Oktober
zwischen Tombstone und Tuscon.
Ende einer Illusion
und ein Nummernschild mit Kaktus.

Der Ort hatte seine Unschuld verloren. Für mich jedenfalls.

Sicher, es war jetzt eines dieser netten, hübschen Städtchen, mit freundlichen, sich morgens, freundlich grüßenden Menschen und einem freundlichen Hahn, der krähte, bevor die Sonne aufging. Man brauchte keine Angst mehr zu haben, über die Straße zu gehen und am hellichten Tage von Revolverhelden zum Doc oder gleich ins Jenseits befördert zu werden. Aber das, was jetzt an jeder Ecke und in jedem Andenkenladen auf mich wartete, war viel schlimmer. Es bedeutete das Ende einer Illusion.

So musste sich ein Mensch fühlen, der nach Salzburg kommt und erwartet, den Geist Mozarts zu spüren. Stattdessen glotzt einen die Visage des Meisters von Schokoladenkugeln, Kaffee- und Teetassen, Tellern, Spazierstöcken, Feuerzeugen und Buckelkratzern an.

Man denkt daran, Mozart persönlich dafür die Schuld zu geben.

Und in Tombstone waren es die Gebrüder Earp.

Ich bin nicht zimperlich, ich hatte Las Vegas überstanden und all die vielen Andenkenläden vom Grand Canyon bis Mesa Verde und sogar den indianischen Kitsch vom Monument Valley.

Ich weiß nicht, was ich mir wirklich vorstellte, als ich mich dem Stadtrand von Tombstone näherte. Vielleicht etwas vom Pioniergeist, der die Menschen hierher brachte. Vielleicht eine halbe Geisterstadt mit dem Flair des Verfalls und der Vergänglichkeit. Oder ähnlich einem Museumsdorf im Schwarzwald. Etwas aufpoliert, aber echt.

Nichts von alledem war Tombstone, Arizona. Die Häuser frisch gestrichen uznd glichen den Fassaden auf dem Deutsch-Amerikanischen Volksfest in Berlin . Die Straßen waren geteert, und alle fünf Meter stand in Cowboy, ein Trapper, ein Outlaw, die, mit geregelten Arbeitszeiten, massiv und aufdringlich Zettel an die

Touristen verteilten, auf denen entweder für günstiges Essen oder Trinken oder beides geworben wurde.

Es war schon arg lästig.

Und das legendäre Pistolenduell zwischen den Earp Brüdern, den Clantons und den McLaurys, weswegen Tombstone überhaupt noch existiert und nicht wie viele andere Städte im Westen längst vergessen ist, wird dreimal am Tag, an drei verschiedenen Stellen, von drei verschiedenen Gruppen von Laiendarstellern mehr oder weniger gut nachgestellt. Samstags und sonntags gibt es Sondervorstellungen.

Ich beschloss mir, nach meiner Rückkehr, den schlechtesten Western anzusehen, den es gibt, und dort würde ich wahrscheinlich mehr von der Geschichte des Westens erfahren, als in diesem Cowboydisneyland Tombstone, Arizona.

Ich war froh, wieder auf der einsamen Straße zu sein, die mich durch die Kakteenwälder in West-Arizona führte.

Die Sonne brannte mir mit satten vierzig Grad im Schatten, den mir meine Mütze gönnte, auf den Kopf, als ich auf einem Parkplatz die schützende Hülle des Mietwagens verließ.

Eine Air-Conditioning zum Mitnehmen gab es nicht. Ein Polizist der Highway Patrol, der langsam mit seinem Wagen an mir vorbeifuhr, warf mir einen mitleidigen Blick zu.

Wie viel Leidensfähigkeit bringt ein Mensch auf, um ein Stück von der Welt kennenzulernen, die nur aus Sand, ein wenig Gestrüpp und stacheligen Dingern, Kakteen, besteht? Viel! Schlangen, Skorpione und andere Bewohner dieser Gegend waren schlauer und ließen sich nicht blicken. Auf den Informationsschildern waren sie abgebildet und vor einigen wurde gewarnt. Auch davor, Steine mit der bloßen Hand umzudrehen. Das war ganz bestimmt nicht meine Absicht.

Kakteen gab es in allen Größen und Formen. Selbst auf dem Autokennzeichen des weißen Pontiacs, der fünf Meter neben meinem Wagen geparkt hatte. Eine Frau und ein Mann saßen im Wagen. Sie, so um die Vierzig, saß auf der Fahrerseite, er, etwas älter, saß auf dem Beifahrersitz. Beide von südländischem Typ. Sie unterhielten sich, besser, sie schienen zu streiten. Es sah aus, als hätte man den Ton abgedreht.

Ich beobachtete die Szene durch die Windschutzscheibe des Pontiac von meiner Picknickbank unter einem Sonnendach aus Holz. Durch den fehlenden Ton sah es aus wie ein Stummfilm.

Ihre Münder bewegten sich gleichzeitig in einem Höllentempo. Der Mann fuchtelte dazu mit seinen Armen, die Frau umklammerte das Lenkrad und schlug von Zeit zu Zeit mit beiden Händen darauf. Ihre Nägel waren extrem lang und mit blutroter Farbe lackiert.

Plötzlich ließ der Mann die Arme sinken. Und genauso schnell zog er aus seiner Jackentasche ein Kuvert heraus und schwenkte es vor ihrer Nase. Sie unterbrach ihren Redeschwall und starrte auf das Kuvert, das offensichtlich etwas enthielt, was einen Nachteil in der Diskussion für sie bedeutete.

Er lächelte ihr triumphierend ins Gesicht.

Die Hände noch auf dem Lenkrad, blickte die Frau jetzt geradeaus, genau in meine Richtung. Es war mir peinlich, doch sie nahm keine Notiz von mir.

An den Spuren ihrer Wimperntusche, die langsam in Strichen herunter zum Mund lief, sah ich, dass sie weinte. Er lächelte, sie weinte. So saßen sie einige Minuten schweigend, dann sagte der Mann etwas, und die Türen des Wagens öffneten sich. Er ging vorn um den Wagen, sie hinten herum. Sie wechselten die Plätze. Er trug braune Wildlederschuhe und eine olivgrüne Hose.

Weitere Minuten saßen die beiden jetzt auf den getauschten Sitzen. Sie weinte, er hatte aufgehört zu lächeln.

Dann startete der Wagen und fuhr von dem Parkplatz auf die Straße.

Ich blieb noch fast eine Stunde und genoss die Einsamkeit und die Stille. In Tuscon, wo ich übernachten wollte, ging es noch früh genug laut und hektisch zu.

Noch bemerken will ich, dass ich so ein kleines grünes Ding gesehen hatte, wie vor einigen Tagen in dem Zeitloch.

Auf der Straße nach Tucson kam ich in eine Polizeisperre. Wagen mit blinkenden Lichtern standen am Straßenrand. Auf der anderen Seite lag ein Auto auf dem Dach. Eine Radkappe, Blechteile und ein Wildlederschuh lagen auf dem Asphalt. Ein Polizist winkte mich langsam durch die Unfallstelle.

Neben dem umgestürzten Auto lagen unter einer Decke zwei Personen nebeneinander. Eine Hand ragte hervor mit langen blutroten Fingernägeln.

Ringsherum waren Kakteen, große und kleine, sogar auf dem Nummernschild des weißen Pontiac.

Epilog.
J.F.K Airport, New York City, 22. Oktober.

21, 22, 23, 24, 25 – dann krachte es und das Grollen drang durch die dicken Wände des Terminals. Zurück in New York. Es regnete wieder in der großen Stadt, die angeblich niemals schläft. Ich kann das nicht mit Sicherheit bestätigen, da ich keine 24 Stunden in New York wach geblieben war, um nachzusehen ob nicht der eine oder andere New Yorker ein Auge zumachen würde.

Auf jeden Fall herrschte hier, eine für einen Reisenden, der von Phoenix, Arizona, kam und dort in der letzten Woche einer für Oktober extremen Hitze ausgesetzt gewesen war winterliche Temperatur. Mich schauerte bei dem Gedanken, welch niedrigen Grade mich erst in Deutschland erwarten würden.

Ich rauchte eine Zigarette – damals rauchte ich noch, jetzt schüttle ich nur noch den Kopf darüber – und sah den Passagieren zu, wie sie artig in einer Schlange standen und warteten, um von einem Koordinator ein freies Taxi zugewiesen zu bekommen, der nach Rücksprache dem Fahrer einen Zettel mit der Zieladresse des Fahrgastes in die Hand drückte, und grübelte nach, was ich die zwei Stunden bis zu meinem Weiterflug nach München unternehmen könnte. Unter dem Vordach vor der großen Wartehalle stehen zu bleiben, wurde mir durch die empfindliche Kühle vergällt. Allerdings war es der einzige Platz, an dem das Rauchen im gesamten Flughafenbereich gestattet, eher könnte man sagen, geduldet wurde, wie die übervollen Behälter für Zigarettenasche und Kippen bezeugten. Jedes Mal vom Terminal herein- und herauszumarschieren, um eine zu paffen, stellte sich als äußerst umständlich heraus, da ich immer aufs neue durch die Sicherheitskontrolle gehen musste und das Piepen des Abtastgerätes schon nicht mehr aufhören wollte. Schuld war mein Gürtel. Ein mit Nieten besetzter Gürtel eignet sich besonders, Sicherheitsgeräte dieser Bauart zu provozieren. Piep piep piep

piep piep piep piep piep. „Ja, ich weiß“, hob ich mein Hemd über der Hose hoch, „es ist nur mein Gürtel, kein Problem.“

Was ein Problem war und was keins, entschied immer noch der Sicherheitsbeamte und legte persönlich Hand an, um mich abzutasten, ob ich nicht doch noch irgendeine Waffe bei mir hätte. Hatte ich nicht, und so konnte ich die Sperre passieren, um vor der großen, automatisch sich öffnenden und sich automatisch wieder schließenden Glastür zu rauchen.

Bei der Rückkehr in den Terminal durchlief ich die gleiche Prozedur: Kleingeld, Feuerzeug, piep piep piep piep piep piep, Hemd hoch, abtasten, keine Waffe, eintreten. Ich vergaß noch zu erwähnen, dass ich damals ein sehr starker Raucher war und die Temperatur fiel und ein längerer Aufenthalt im Freien einen Schnupfen zur Folge haben konnte. Auch will ich nicht verschweigen, dass ich den Gürtel nicht nur aus modischen Gründen trug, er leistete mir ausgezeichnete Dienste beim Anbehalten meiner Hose. Sonst hätte ich ihn sicherlich bei meinem Gepäck und bei dem netten, älteren Ehepaar aus München liegen lassen können und so wäre mir das Piep piep piep piep … erspart geblieben. Einen Pullover überzuziehen ging auch nicht, weil ich keinen besaß. Ich meine, ich besitze Pullis, sehr schöne sogar, nur hatte ich dummerweise keinen in meinem Reisegepäck, da ich bei fast 40 Grad in der Wüste von Arizona wie ein Schneemann auf einer heißen Herdplatte dahin geschmolzen wäre.

Ich entschloss mich, Nichtraucher zu werden, strebte der Flughafenbar zu, um mir ein oder zwei Schluck überteuertes Bier zu gönnen. Trinken war im Flughafen nicht verboten. Ausgenommen übermäßiges Trinken. Aber dazu sah ich keinen Anlass, und auch meine Reisekasse ließ keine großen Sprünge mehr zu.

In der Halle prallten die Ansagen von Flügen und Benachrichtigungen aus den Lautsprechern wie Gummibälle von den hohen Wänden des Terminals hin und her. Wer sollte das verstehen? Man musste schon ein so feines Gehör wie ein Peilgerät in einem Unterseeboot haben, um aus dem Informationsmatsch herauszufinden, dass seine Maschine verspätet oder schon weg war.

Für einen Augenblick glaubte ich, die nette Stewardess vom Hinflug, deren Namen ich vergessen hatte, gesehen zu haben. Es war aber eine andere nette Flugbegleiterin, die mit ihrem kleinen Trolley hinter sich die lange Rolltreppe zu den Abfluggates an mir vorbeifuhr. Mir fiel Dean Martin ein, der in seinen Filmen als Spezialist für junge hübsche Stewardessen die fünfziger Jahre mit Whiskyflavour und Weichspülliedern bereichert hatte. Vom Schnapskonsum her würden sich Dean M. und Charles B. gut verstehen, wenn sie mir einmal gemeinsam in einem Traum erscheinen würden. Ich müsste nur für genügend Stoff sorgen. Dean Martin, der typische charmante, gutaussehende, erfolgreiche Junggeselle, der die erwähnten jungen Damen sammelte wie unsereiner Bierdeckel. Ich will hier nicht meinen mit dem Charme von Mister Martin vergleichen, obwohl ich einen Vergleich nicht scheue. Nun ja, erfolgreich ist relativ, und ein Geselle war und bin ich auch nicht. Was war gleich noch das dritte Adjektiv?

Trotz der interessanten Überlegungen betreffs weiblicher Flugbegleiterinnen und Junggesellen in Lustspielfilmen der 50er Jahre verging die Wartezeit auf meinen Flug nicht einen Deut schneller. Ich befürchtete, wieder in ein Zeitloch gefallen zu sein. Die Uhr, die an einer goldenen Kette von der Decke herunterhing und eigentlich die Zeit ansagen sollte, schlief. Vielleicht war der Zeiger einfach nur kaputt? Bestimmt, denn die Menschen um mich herum bewegten sich, daran gab es keinen Zweifel. Sie sprachen miteinander, sie tranken, sie aßen weiche Toastscheiben mit weicher Füllung, und sie ließen sich mehr oder weniger freiwillig, mit Handschellen die Arme auf den Rücken gefesselt, von Polizisten aus dem Flughafenterminal herausbringen.

Es war also klar, die Zeit verging immer noch, nur eben sehr langsam.

Dagegen war meine Reise von kurzer Dauer. So empfand ich es. Die vielen Eindrücke waren doch überwältigend, und ich konnte alles gar nicht in meinem Notizbuch festhalten. Mit einem dünnen, spitzen Stift, wie mir die nette Stewardess geraten hatte. Die Tage waren begrenzt, und hätte ich, wie Johann Wolfgang von Goethe, zwei Jahre für meine Reise gehabt, würden die Geschichten vielleicht auch ein ganzes Buch füllen. Nun muss ich sehen, dass ich die Episoden irgendwo mit hineinquetsche und hoffe, dass es vom Stil zu irgendwelchen anderen Geschichten passt.

So saß ich an der Flughafenbar und schrieb die Erinnerungen auf, die jetzt vor mir liegen und die ich seit einigen Jahren nicht mehr angesehen habe. Es ist viel geschehen in meinem Leben und in der Welt seit diesen Wochen in den USA im letzten Jahr des vorherigen Jahrhunderts.

FALSCHE PROGRAMMIERUNG

Die Worte, die Sätze und die Formulierung der Fragen, die sich Philipp Chardenoux ausgedacht hatte, um die Situation zu klären, waren völlig unnötig. Das Loch zwischen seinen Augen war eine eindeutige Antwort. Verursacht hatte es eine Fünfundvierziger. genauer gesagt der Zeigefinger von Pierre, und der wiederum hatte sich im Auftrag von Monsieur Deblont gekrümmt.

Alexander Deblont war Geldverleiher, und wenn es um die Nichtrückzahlung von Schulden ging, machte er eben nicht viel Worte. Die Leiche von Chardenoux wurde auf seinem Grundstück in Marne-la-Vallèe, einem Vorort von Paris, auf den gerade frisch gemähten Rasen gelegt. Das Geschrei der Hausangestellten Annekatrin war, wie nicht anders zu erwarten, noch zwei Straßen weiter bis zur Rue de Gravelle zu hören gewesen. Diesen einschneidenden Ton vernahm ein Gendarm und eilte der mit den Nerven völlig am Boden liegenden Frau zur Hilfe. Der ebenfalls hinzugezogene Arzt setzte eine Beruhigungsspritze und machte sich dann über den Toten her.

Die Ehefrau von Philipp Chardenoux, Vivien Chardenoux, weilte zu diesem Zeitpunkt unter Palmen und ließ sich die Nackenmuskulatur von einem braungebrannten, in weiße Shorts gekleideten jungen Mann lockern. So musste Kommissar René Javert vorläufig auf ihre Mitarbeit verzichten. Da die Hausangestellte apathisch auf dem Ledersofa des Ermordeten lag und nur unverständliches Zeug in sich hinein murmelte, musste der Kommissar vorerst mit der Leiche vorliebnehmen. René Javert zündete sich eine dünne Zigarre an und ging das kleine Einmaleins der Motive für Gewaltverbrechen durch. Phillip Chardenoux war unanständig reich. Also hatte er auch Feinde. Die Hausangestellte Annekatrin nahm übermäßig Anteil am Hinscheiden von Chardenoux. Hatte sie ein Verhältnis mit ihm gehabt? Vivien Chardenoux stand selbstverständlich an der Spitze der Verdächtigen. Wovon René Javert zu diesem Zeitpunkt noch nichts wissen konnte, waren die Spielsucht des Ermordeten und die kostspieligen Reisen seiner Frau. Im Arbeitszimmer des Toten untersuchte der Kommissar die Schubladen des Schreibtisches.

Das Telefon klingelte. Ich hob ab.

„Hallo? – Jetzt? – Aber das passt mir gar nicht! – Wieso? Ich bin am Arbeiten! Na schön, in zwanzig Minuten."

Ich suchte fieberhaft nach einer leeren Videokassette. Fand sie und drückte auf Aufnahme, gerade in dem Augenblick als Vivien mit dem braungebrannten Masseur in die Falle hüpfte.

André war ein Idiot. Nicht nur, dass er mir den Genuss des Krimis versaute, auch weil er wieder einmal maßlos übertrieben hatte. Nicole hatte ihn nicht verlassen, sie war einkaufen, hatte sich etwas verspätet und sah mich verständnislos an, als ich vor ihrer Haustür stand. Dann schüttelte sie den Kopf, ließ mich ein und sagte: „Er hat sich in der Toilette eingeschlossen."

André war ein Hypochonder in Sachen Liebe, Beziehung und Eifersucht. Außerdem schrieb er Geschichten und musste anscheinend alles am eigenen Leib erfahren.

Als wir später auf dem Balkon standen und eine Zigarette rauchten, in der Wohnung durfte nicht gequalmt werden, Nicole war Nichtraucherin, fing André wieder mit der alten Leier an.

„Sie will mich umbringen! Ich weiß es genau!"

„Vorhin hattest du Angst, dass sie dich verlässt."

„Jetzt bin ich mir sicher, dass sie mich umbringen will."

„Warum?" Als ich das Wort sagte, bereute ich es gesagt zu haben.

„Sie will mein Geld!"

„Du hast kein Geld. Du bist ein talentierter, begnadeter Schriftsteller, und wie alle begnadeten, talentierten Schriftsteller bist du arm wie eine Kirchenmaus."

André sah mir fest in die Augen.

„Du glaubst also, ich habe Talent?"

„Ja, aber kein Geld, weshalb es sich nicht lohnen würde, dich umzubringen."

„Und die Geschichten?"

„Die sind wunderschön!"

„Und wenn ich tot wäre?"

„Wären sie immer noch wunderschön."

Ein Leuchten in seinen Augen verriet mir, worauf er hinaus wollte.

„Nicole spekuliert ganz sicher nicht auf die Wertsteigerung deines literarischen Werkes nach deinem Tod."

„Meinst du?"

„Mein ich!"

Die Türklingel läutete. Ein Bote brachte in Alu verpackte Speisen. Nicole forderte uns auf, zum Essen zu kommen.

„Willst du mit uns essen? Ich habe vom Italiener Spaghetti mit Bolognese Sauce kommen lassen, es ist genug da."

„Nein danke, ich muss noch arbeiten", log ich mich aus der Affäre.

Als ich die beiden verließ, saß André am Esstisch und schaufelte Spaghetti in sich hinein. Warum Nicole dieses Spiel mitmachte, war mir ein Rätsel. Irgendwie brauchte André dieses Theater für seine Arbeit, und irgendwie brauchte Nicole das Theater mit André.

Ich kam nach Hause, schaltete den Fernseher an und erwischte noch den Abspann von meinem Krimi. Gut, dass ich ihn aufgenommen habe, dachte ich und ließ das Band zurücklaufen. Als ich auf Wiedergabe drückte und gespannt wartete, wie die Szene mit dem Masseur und Vivien Chardenoux, die gerade zuvor im Auftrag von Monsieur Deblont zur Witwe gemacht worden war, weiterging, musste ich erschreckt feststellen, dass ich das falsche Programm programmiert hatte. Wie sollte ich mir sonst erklären, dass ein paar jodelnde, vor einem malerischen Bergpanorama posierende Volksmusikanten über meine Mattscheibe flimmerten und mir vom Alpenglühen vorschwärmten. Mir kam der Gedanke, Nicole die Arbeit abzunehmen und André ins Jenseits zu befördern. Das Fernsehprogramm gab keinerlei Hinweise auf eine etwaige Wiederholung spät in der Nacht oder wenigstens am nächsten Tag.

Das war's!

Jemanden aus meinem Bekanntenkreis zu fragen, ob zufällig ein anderer Videorecorder mitgelaufen war, ging nicht, aus dem einfachen Grund, da diese Art Film nicht zu den sehenswerten gehörte. Wenn nicht mindestens ein Truffaut, Chabrol oder ein Jean-Luc Godard Regie führte, konnte man ihn abhaken, und er war nicht die Werbung wert, die in den Pausen lief. Überhaupt war ein Film nur interessant, wenn ein unbequemer Kinosessel den Rücken marterte und man sich über jemand aufregen konnte, der vor einem saß und mit

Schokoladenpapier raschelte. Ich ging in Gedanken durch die Wohnungen meiner Bekannten und stellte schockiert fest, dass ich der einzige war, der einen Videorecorder besaß und auch noch damit Filme aufnahm und sie sich ansah. Ab und zu lieh ich mir auch einen Film in der Videothek.

Das Telefon klingelte.

„Ja? – Oh nein, nicht schon wieder. – Was? Ein Messer, was für ein Messer? Wieso kannst du nicht reden? Hör mal, wegen dir hab ich schon überlegt zu einem Psychiater zu gehen. – Ja ich. – Wieso du? – Ach so stimmt, du bist ja der Patient. – Hallo? Hallo?“

Aufgelegt.

André öffnete mir die Tür. Er sah fürchterlich aus. Um seinen Mund klebte rote Bolognese Sauce und einige Spaghetti hatten sich in seinem Haar verfangen.

„Sie hat mich verlassen!“

„Aber die Spaghetti hat sie dir dagelassen, wie ich sehe.“

„Sie hat mir die Schüssel über den Kopf gekippt und hat mich verlassen.“

„Hat sie dich verlassen oder die Wohnung?“

André zuckte mit den Schultern. „Wie meinst du das?“

„Wie soll ich das meinen? Ist sie nur fortgegangen, spazieren oder einkaufen oder was trinken oder hat sie dich verlassen? Ich meine mit Koffer packen und so. Aus, Finito, Basta, Schluss, Ende?!“

André glotzte mich weiter mit seiner Bologneseschnute an. Er stand offenbar unter Schock. Ich begleitete ihn ins Badezimmer, hielt seinen Kopf unter Wasser, fingerte die Spaghetti aus seinen Haaren und wusch ihm mit einem Waschlappen den Mund. Dann kämmte ich ihm einen ordentlichen Scheitel und setzte ihn im Wohnzimmer an den Esstisch. Nicht ohne vorher die restlichen Nudeln von den Stühlen aufzusammeln.

Ich setzte mich an die andere Seite des Tisches ihm gegenüber. Geistesabwesend sah er durch mich hindurch.

„Kannst du mir sagen, was passiert ist?“

Keine Reaktion. Ich dachte, Junge Junge, den hat’s wirklich erwischt.

„He André, kannst du mich hören?“

Er nickte leicht.

„Was ist passiert?“

„Sie hat uns verlassen.“

„Uns? Was ist geschehen?“

„Etwas Schreckliches!“

„Was denn zum Teufel?“

Ich wurde langsam ungeduldig.

„Ein Streit.“

„Und?“

Er zeigte mit einer Kopfbewegung zur Schlafzimmertür.

„Scheiße“, entfuhr es mir.

Ich ging zum Schlafzimmer, öffnete vorsichtig einen Spalt die Tür und sah ein paar unbestrumpfte Beine auf dem Bett liegen. Langsam machte ich die Tür weiter auf und … Oh mein Gott, was hatte dieser Idiot getan? Das Zimmer war nur von der Nachttischlampe erleuchtet. Im fahlen Licht sah ich eine Gestalt auf dem Bett liegen. Es war Nicole. Sie lag bäuchlings auf dem Laken. Ein Arm hing schlapp herunter und der andere verdreht an ihrem Rücken. Die Decke zerwühlt und mein Atem stockte. Ein Messer, blutverschmiert auf dem Fußboden neben dem Bett. Ohne ein Geräusch zu machen und darauf bedacht, keine Spuren zu verwischen, schließlich kannte ich mich mit Kriminalfällen aus, näherte ich mich dem Opfer. Der Kopf war auf die Seite gedreht und die Augen geschlossen. Ich konnte keine Wunde an ihrem Körper entdecken. Sie trug das Blümchenkleid, mit dem gewagten Ausschnitt. Dafür hatte ich natürlich in diesem Augenblick kein Auge. Ich beugte mich zu ihr herunter und berührte den herunterhängenden Arm um ihr den Puls zu fühlen. Vielleicht zeigte sie noch ein Lebenszeichen.

Plötzlich schlug sie die Augen auf, und mein Herz setzte aus. Einundzwanzig, zweiundzwanzig, dreiundzwanzig. Kein Blut in meinem Gehirn, einer Ohnmacht nahe und nur ihr entsetzlicher Schrei bewahrte mich davor, tot umzufallen.

„Was willst du hier? Du hast mich zu Tode erschreckt!"

„Ich dachte, du bist schon tot", stammelte ich und ließ mich rücklings auf einen Hocker sinken, der vor einer Frisierkommode stand.

„Du bist ja genauso durchgeknallt wie André", diagnostizierte sie meinen irren Blick und setzte sich auf. Sie wiederholte die Frage: „Was willst du hier?"

„André hat mich angerufen und war völlig außer sich. Als ich dann kam, stammelte er nur, dass etwas Schreckliches passiert sei. Dann habe ich dich hier liegen sehen und das Messer. Und das Blut."

Nicole sah auf das Messer vor sich auf dem Boden und schüttelte den Kopf. „Tomatensauce."

„Aber André sagte ihr, hättet Streit gehabt?"

„Ja, ich hab ihm die Nudelschüssel über den Kopf ausgekippt. Er ist eine absolute Nervensäge, besonders wenn er an einem neuen Roman schreibt, ist er kaum zu ertragen. Ich hatte Kopfschmerzen und habe mich hingelegt."

Für einen Moment dachte ich an die Gedanken, die ich mir zu Hause über meinen Freundeskreis gemacht hatte und beschloss, mir nur noch Freunde zu suchen, die einen Videorecorder besaßen. Die mussten sich nicht soviel den Kopf zerbrechen, wie sie anderen Leute das Leben schwer machen können. Wenn sie Langeweile hatten, setzten sie sich einfach vor die Glotze und zogen sich die Probleme wildfremder Menschen rein, ohne wirklich beteiligt zu sein.

Als wir ins Wohnzimmer kamen, saß André an seinem Computer und hämmerte wie ein Besessener auf die Tastatur ein.

„Möchtest du was trinken?“ fragte Nicole, als wäre nichts geschehen.

Ich schüttete einen Pernot in mich hinein und einen zweiten. André war in seiner Fantasiewelt und ich war froh, nicht auch noch daran teilhaben zu müssen. Nicole leistete mir Gesellschaft.

„Er ist nicht leicht zu verstehen.“

„Wem sagst du das, ich bin mit ihm zusammen.“

„Glaubst du, dass er wirklich einmal austickt?“

„Du meinst, dass er mir etwas antun könnte?“

Sie sah zu André herüber und schüttelte den Kopf. „Nein.“

„Und sich selbst?“

„Das schon eher, aber er hat sich im Griff. Er geht nur den Leuten ziemlich auf den Keks.“

„Das kann ich unterschreiben.“

Ich erhob mich und deutete auf die Reste der Bolognese-Sauce und die im Zimmer verteilten Spaghetti.

„Kommst du klar?“

„Ja ja, geh nur, ich werde die Schweinerei beseitigen und schlafen gehen. Es ist noch etwas Sauce da, ich könnte dir noch ein paar Spaghetti machen.“

„Nein Danke, ich bin nicht hungrig.“

André winkte abwesend auf meinen Abschiedsgruß und ich ließ die beiden alleine.

Ich hatte mir ein Buch aus dem Regal genommen und es mir in meinem Bett bequem gemacht. „Alain, die

Lüge und ich". Ein Schmöker über eine Frau, die in ihren Träumen Alain Delon trifft und verschiedene Abenteuer mit ihm zu bestehen hat. Keine anspruchsvolle Literatur, aber zum Einschlafen gerade gut genug.

Das Telefon klingelte.

Eine röchelnde Stimme. Leise, kaum zu verstehen. Nach mehrmaligem Nachfragen: „Wer ist denn da? – Hallo? – André? – Was zum Henker ist schon wieder los? – Du hast Magenschmerzen? – Vergiftet? – Wo ist Nicole? – Zigaretten holen! – Wenn sie wiederkommt, soll sie dir eine Wärmflasche auf den Bauch legen oder dir den Finger in den Hals stecken. – Nein, ich kann nicht kommen, ich erwarte Besuch. – Eine Freundin. Sie hat Probleme und will mit mir reden. – Ja, stell dir vor, andere Leute haben auch Sorgen. – Bitte keine Schuldgefühle, Nicole wird dir schon helfen. Entschuldige, es läutet an der Tür, ich muss öffnen. Ich melde mich morgen."

Noch einmal wollte ich nicht in eine von Andrés Fallen tappen. Ich nahm das Buch zur Hand und suchte den Anschluss.

„Doch Aussteigen war nicht drin. Sie würden mich nie verstehen. Sie würden es nicht zulassen. Das Telefon klingelte, und ich hob einmal zu viel ab und gab die falsche Antwort. Sie wollten, dass ich fliege, und sie hätten mich das Fliegen gelehrt. Daran gibt es keinen Zweifel. Darin sind sie Meister. Ich traf ihn am Spätnachmittag …"

Ich konnte mich nicht mehr auf die Geschichte konzentrieren und legte das Buch beiseite. Dieser verdammte André mit seinen Eskapaden. Ich schlüpfte in meine Kleider.

Der Abend war nun endgültig versaut und ich beschloss etwas trinken zu gehen. In einer Bar in der Rue Lecourbe bestellte ich mir Pernot und sah im stummen Fernseher, wie ein Reporter versuchte, einem sich gegen Fragen wehrenden Politiker nachzulaufen.

„Darf ich mich zu Ihnen setzen?“

Kommissar René Javert erklomm den Barhocker neben mir.

„Es war ein langer Tag, da kommt ein Schnaps gerade recht. Darf ich Sie auf einen Drink einladen?“

„Ja, gerne. Aber sind Sie nicht im Dienst?“

Er sah auf seine Armbanduhr. „Seit eineinhalb Stunden nicht mehr. Der Fall ist gelöst.“

„Richtig, ich habe leider das Ende verpasst.“

Der Kommissar bestellte zwei doppelte Pernot und bot mir eine von seinen dünnen Zigarren an. Er gab mir Feuer, und wir pafften den Rauch in die Luft, bis uns eine Nebelwolke einhüllte.

„Ich habe Pierre verhaftet. Sie wissen doch, er hat im Auftrag von Monsieur Deblont gehandelt.“

„Wie kamen Sie auf Alexander Deblont?“

„Die Witwe!“

„Die Witwe?“

„Ja, Madame Chardenoux, sie hatte die Schuldscheine ihres Mannes aufgekauft und noch ein hübsches Sümmchen draufgelegt, damit Pierre für sie ihren Gatten aus dem Weg räumt.“

„Warum?“

„Ach wissen Sie, die alte Geschichte. Der Masseur war eben ein besserer Liebhaber, und der Schmuck der feinen Dame sollte den beiden ein neues Leben ermöglichen. Bei einer Scheidung hätte sie nichts bekommen. Gütertrennung, verstehen Sie? Und die Juwelen gehörten Monsieur Chardenoux. So einfach ist das.“

„Wie konnten Sie Madame überführen?“

René Javert nahm einen gewaltigen Schluck aus dem Glas und erklärte: „Pierre hat geplaudert. Nachdem er erfahren hat, dass Vivien Chardenoux mit dem Masseur durchgebrannt war, stellte sich heraus, dass die feine Dame auch ihm hübsche Augen gemacht hat. Da hat er ausgepackt."

„Konnten Sie sie dingfest machen?"

Der Kommissar gab dem Barkeeper ein Zeichen mit zwei gespreizten Fingern. Der verstand, legte das Handtuch beiseite, mit dem er ein Glas poliert hatte, und schenkte zwei doppelte Pernot ein.

„Als sie zur Beerdigung ihres Mannes nach Paris kam, haben wir eine Gegenüberstellung mit Pierre arrangiert. Der hat sie schwer belastet. C'est la vie, mon amie. Sie muss mit einer Anklage wegen Anstiftung zum Mord rechnen."

„Und der Schmuck?"

„Den hat die Hausangestellte Annekatrin geerbt. Sie hatte ein Verhältnis mit Monsieur Chardenoux, und er hatte sie anstelle seiner Frau als Erbin eingesetzt."

Wir stießen mit den Gläsern an und prosteten uns zu. Ich brachte einen Trinkspruch auf die Haushälterin aus: „Auf die glückliche Erbin!"

René Javert wiederholte den Spruch. Ich konnte mir allerdings Kritik nicht verkneifen.

„Besonders gut gelungen ist die Geschichte nicht."

„Da haben Sie recht. Aber so ist das mit Fernsehproduktionen."

„Wer ist der Autor?"

„Charles Poiccard, ein Pseudonym. Hat schon viele Produktionen fürs Fernsehen geschrieben. Hat sich eine goldene Nase damit verdient."

Das Telefon klingelte. Der Barmann hörte kurz zu und hob dann den Hörer in unsere Richtung.

„Für Sie, Herr Kommissar."

Er brachte das Telefon zu René Javert.

„Ja? – Verstehe. – Wann? – Ich komme." Ein Rest Pernot verschwand in der Kehle des Kommissars.

„Ich muss los."
„Ein neuer Fall?"
„Ja, offensichtlich ein Mord"
„Wer ist das Opfer?"
„Ein gewisser André Mansard. Ist Ihnen nicht gut? Sie sehen so blass aus."
Ich fragte noch einmal nach dem Namen.
„André Mansard, Sie kennen ihn?"
„Ja".
„Interessant."
Ich musste mich einen Moment sammeln. Sollte Nicole tatsächlich …? Aber das war unmöglich!
„Wie gut kennen Sie den Herrn?" fragte mich der Kommissar.
„Wir sind Bekannte."
„Gute Bekannte?"
„Ja"
„Wie gut? Sind Sie befreundet?"
„Ja."
„Wann haben Sie André Mansard das letzte Mal gesehen?" löcherte er mich weiter.
„Heute Abend."
„So so, interessant. Wussten Sie, dass er reich war?"
„Nein, das wäre mir neu."
„Sehr interessant, wirklich."
Der durchbohrende Blick Javerts verursachte mir ein Unwohlsein. Ich ging zum Gegenangriff über. „Soll das ein Verhör sein?"
„Nein, ich stelle nur ein paar Fragen. Ich finde es höchst interessant und wenn ich gestehen soll, auch ein wenig merkwürdig, dass Sie nicht wissen wollen, dass André Mansard ein reicher Mann war."
„Woher sollte er das Geld haben?" war es jetzt an mir Fragen zu stellen.

„Er war ein hervorragender Schriftsteller, aber leider waren seine Sachen, die er schrieb, zu anspruchsvoll, um einem größerem Publikum zugänglich zu sein!“

Kommissar Javert brannte sich noch eine seiner dünnen Zigarren an, beugte sich dicht zu mir heran und flüsterte, „nicht als André Mansard, sondern als Charles Poiccard, unter seinem Pseudonym!“

Ich war sprachlos, bis mir der Rauch seiner Zigarre, die er dicht vor mir hielt, in den Augen brannte.

„Machen Sie keine Witze.“ Ich fand meine Sprache wieder und fragte „warum sollte er mir das verschwiegen haben?“

„In ihren Kreisen ist leichte Unterhaltung verpönt. Erinnern Sie sich nur, wie Sie sich wunderten, dass niemand von ihren Bekannten einen Videorecorder besitzt.“

Da hatte er recht. Überhaupt wusste dieser René Javert eine ganze Menge. Er schickte sich an, die Bar zu verlassen. Ich hielt ihn am Ärmel zurück.

„Ich möchte Sie noch etwas fragen, wenn ich darf?“

„Bitte sehr, nur zu.“

„Wenn Sie so viel wissen, können sie mir bestimmt auch sagen, wer der Mörder ist?“

„Ich habe das Drehbuch nur überflogen. Wir kommen erst später zu der entscheidenden Szene.“

„Welche Szene?“

„Die Szene, in der seine Frau …“

„Sie meinen Nicole?“

„Nein, ich meine seine Frau Madeleine Mansard, Nicole ist seine Sekretärin. Sein Verhältnis. Seine Frau lebt in Lyon in einer Anstalt für Geistesgestörte.“

„Aha“, entfuhr es mir. „Und die lässt André beseitigen?“

„Das ist der springende Punkt, der Neffe von Madeleine ist zufälligerweise Pfleger in der Anstalt und hat eine ältere Freundin, die Madeleine täuschend ähnlich sieht. Der Plan der beiden ist es, André zu beseitigen, und dann taucht die geheilte Frau auf und erbt das ganze Vermögen. Nicole wird als einzig Verdächtigte beschuldigt, das Verbrechen begangen zu haben."

„Wie soll sie André getötet haben?"

„Vergiftet, mit Arsen in einer Bolognese-Sauce. Die hat ein Bote von der Pizzeria an der Ecke geliefert. Und der Bote war der Neffe von Madeleine."

„Wer hat das Drehbuch geschrieben?"

„Der Ermordete selbst."

Ich fragte den Kommissar, wer in der Verfilmung meine Rolle spielen würde? Das durfte er nicht sagen. Die Produktionsfirma hätte strenge Auflagen, schon dass er mit mir redete wäre ihm eigentlich verboten. Der Sendetermin sollte am 24.März sein. Ich fragte ihn noch, warum diese ganze Geschichte in Frankreich spiele? Er zuckte nur mit den Schultern und meinte: „Es geht um den Pernot."

„Um den Pernot?"

„Ja, dem Autor hing es zum Halse raus, dass seine Protagonisten immer nur Whiskey in seinen Geschichten tranken. Nun tranken sie Pernot, und was lag da näher, die Geschichte in Frankreich spielen zu lassen. Leben Sie wohl. Ich denke, wir sehen uns wieder."

Er rutschte von seinem Barhocker herunter. „Au revoir."

Ich bedankte mich für die Information und gab dem Kommissar die Hand. Er verließ das Lokal und eilte zum Tatort. Ich machte mir in meinem Taschenkalender eine dicke Notiz für den Sendetermin und nahm mir vor, beim Aufnehmen des Films den Videorecorder diesmal richtig zu programmieren.

ZWISCHEN LANDWEHRKANAL UND KARNEVAL DER KULTUREN

Kriminalerzählung in elf Kurzgeschichten aus Berlin-Kreuzberg

1. Antik, An- & Verkauf

„Er treibt es mit mir, mit seinen Augen, widerlich.“

Sie sagte es jedesmal, wenn dieser Typ vorbeikam. Paul dachte manchmal, sie wünschte sich, er würde es nicht nur durch seine Brillengläser machen. Aber das war Quatsch. Moni konnte ganz andere Typen haben, dachte sich Paul.

„Dieser kleine Idiot, steht immer vor dem Laden und glotzt hinein. Tut so, als sähe er sich das Zeug hier an, kannste die Uhr nach stellen.“

Moni ging nach draußen und setzte sich auf einem Klappstuhl vor ihren Trödelladen. „Antik, An- & Verkauf“, stand über der Eingangstür. Paul, der für sie die „Antiquitäten“ von Wohnungsauflösungen heranschleppte, folgte ihr und sah dem kleinen Idioten hinterher.

Paul war in Moni verliebt, war aber zu gehemmt, um es ihr zu gestehen. Ein klein wenig war er auf den kleinen Idioten eifersüchtig. Ihm schenkte sie Aufmerksamkeit. Er war nur ihr Kumpel.

Eigentlich war Feiertag. Pfingsten. Aber in Kreuzberg sieht man das nicht so eng und außerdem war Karneval der Kulturen.

„Du musst noch in die Fidicinstraße, zum Ungeheuer."

Paul stieg in den Laster. Bevor er den Motor startete, sah er im Rückspiegel auf der Beifahrerseite Moni zu. Sie drehte sich eine Zigarette. Ihre Finger, voll beringt, mit schwarz lackierten Fingernägeln, rollten den Tabak geschickt in das Papier. Seine Phantasie folgte der noch unfertigen Zigarette, wie sie sich von Monis Zunge befeuchten ließ. Sie war schon attraktiv, auf ihre Art. Knallenge schwarze Lederhosen, schulterlange, mit Henna gefärbte Haare und blutrot geschminkte Lippen, zwischen die sich die Zigarette in den linken Mundwinkel schmiegte. Sie wusste, was sie wollte und war nicht auf den Mund gefallen. Das durfte man in ihrem Geschäft auch nicht.

„Was ist los, Paul?" rief sie in den Rückspiegel hinein. „Fahr schon, bis sechs muss alles erledigt sein! Außerdem sind die Straßen voll."

Paul nickte dem Bild im Spiegel zu. Sie rief noch etwas, aber die Worte gingen im Tütata der vorbeifahrenden Feuerwehr unter.

Abends, nach sieben, half Paul die Kommode, ein Schaukelpferd, an dem die Farbe abgeblättert war, diverse Stühle, einen Nachttisch und die schweren Pappkisten mit Büchern, Schallplatten und Krempel in den Laden zu schaffen. Die Skulptur, die er aus der Fidicinstraße geholt hatte, schleppte er vom Laster ins Geschäft. Er stützte sich auf das ihm bis zur Brust reichende Gemälde, das als letztes verstaut wurde. Die

Landschaft lag auf der Seite, und es war ein Wunder, das sie nicht herauslief, so realistisch war sie gemalt.

Paul hob pantomimisch ein Glas an seinen Mund.

„Wollen wir noch wat trinken?“

„Nee, heut nich, hab noch ’ne Verabredung.“

„Aha“?!

„Nich’, wat du denkst.“

Moni war nicht blöd, sie wusste, dass Paul eine Schwäche für sie hatte. Aber er war nun ganz und gar nicht ihr Typ. Sie hätte ihn mit ihrer Power zerquetscht, wenn sie ein Paar wären. Paul war zwar groß und stark, aber die kleine Nuss auf seinen Schultern hätte dem Druck nicht standgehalten.

„Sag nich’ immer Nuss“, beschwerte sich Paul, als Gabi ihn aufforderte die Öllandschaft endlich wegzustellen.

Er war froh, in ihrer Nähe zu sein, auch wenn er keine Chance sah, dass Moni je mehr als ein Freund für ihn sein könnte. Sie war wirklich ein toller Kumpel. Sie hatte ihn schon oft in Schutz genommen, wenn andere über ihn herzogen. Und dass sie ihn als Partner am Geschäft beteiligte, obwohl er nur das machte, was sie sagte und sie praktisch alles alleine am Laufen hielt, war schon eine tolle Sache.

„So’n Typ will seine Wohnung auflösen, geht nach Übersee oder so, jetzt will er den Krempel verscherbeln. Hat vor einer halben Stunde angerufen. Ich sehe mir heute Abend mal die Wohnung an.“

„Soll ich nicht mitkommen, ich hab nix vor?“

„Nee, du stehst mir nur im Weg, und wenn der Typ dein Gesicht sieht, glaubt er noch, wir zahlen in Gold. Denk an den Kerl aus der Vierzimmerwohnung, der dich ständig angequatscht hat und glaubte, du würdest die Verhandlungen führen. Und wie blöd du zu allem genickt hast, was der uns als echten Kram andrehen wollte. Lass mich mal machen."

Ein Bartträger brachte die umfunktionierte Kuhglocke über der Tür zum Läuten. Moni wusste sofort, dass er kein Geld in ihre Kasse legen würde. Aus einer Plastiktüte zauberte er etwas, was aussah als wäre es tot. Es war tot. Und es stank. Es stank nach: Niemand, auch nicht der beste Verkäufer, konnte diese kurz vor der Verwesung befindlichen Schallplatten verkaufen.

„Interessiert doch kein Aas mehr, Meister, da zahl' ich drauf, und sehe ich aus, als ob ich was zu verschenken hätte?"

Ein unterwürfiges Kopfschütteln des Bartträgers bestätigte Monis Einschätzung.

„Na siehste."

Sie gab einen Zehner für den Inhalt der Plastiktüte und drängte den Bart aus dem Geschäft, dann schloss sie ab. Die Hintertür klemmte. Paul machte das und als sie auf der Straße standen, gab er Moni die Hand.

„Na dann, tschüs, bis Morgen."

„Ja, in alter Frische."

Moni stieg in ihren Passat und düste zu ihrer Verabredung. Paul entschied, noch ein oder zwei Bier beim Ungeheuer zu trinken. Vielleicht waren ja auch Tina da und Georg.

Am nächsten Morgen, als Paul wie gewöhnlich um halb zehn zum Laden kam, war Moni noch nicht da. Komisch, dachte Paul, sonst ist sie immer früher als ich. Hatte sie verschlafen? Er öffnete das Geschäft, trug die Sachen vor die Tür, machte Kaffee im Hinterzimmer und wartete.

Es wurde elf, zwölf und als um eins Moni immer noch nicht da war, machte Paul sich Gedanken. Zu Hause ging nur der Anrufbeantworter und das Handy war an, aber Moni ging nicht ran.

Um drei rief er die Polizei. Um vier kam eine Zivilstreife und nahm alles Notwendige zu Protokoll. Paul versicherte, dass Moni absolut zuverlässig sei und sie nicht einfach so wegbleiben würde.

2. Neununddreissigeinhalb Grad

Tina sah der Ameise zu, wie sie auf dem fast fertigen Ungeheuer herumkrabbelte. Dann betrachtete sie eine Fliege, die unter der Möwe aus Holz, die von der Decke des Ateliers hing, im Zickzackflug kreiste. Als ob sie von unsichtbaren Wänden gehindert würde, ihre Reise fortzusetzen.

„Warum macht die das?"

„Wer macht was?"

„Immer so im Zickzack rumfliegen, die Fliege, da oben, unter der Möwe."

„Was für 'ne Fliege?"

„Der muss doch irgendwann schwindlig werden."

Alfred, Tinas Freund, war zu beschäftigt, um über den Gleichgewichtssinn von Fliegen nachzudenken. Er hatte sich mit Sandpapier daran gemacht, die fast fertige Skulptur zu bearbeiten. Paul aus dem Trödelladen wollte um sechs kommen, um sie abzuholen. Monis Antik, An- & Verkauf war der einzige, der seine Kunstwerke unter die Leute brachte. Nach den Ungeheuern, die Alfred schuf, riss sich sonst keiner ein Bein aus. Moni hatte schon fünf davon verkauft.

Leben konnte Alfred von seiner Kunst nicht. Er kellnerte in einer Kneipe in der Bergmannstraße. Dort half auch Tina ab und zu aus, ansonsten war sie Zimmermädchen in einem kleinen Hotel in Kreuzberg. Heute hatte sie frei und leistete Alfred, seinem neuen Ungeheuer und der unter der Möwe kreisenden Fliege Gesellschaft.

„Warum machst du eigentlich nicht mal nackte Frauen, mich zum Beispiel?! Immer nur diese komischen Kreaturen!“

„Findest du sie komisch?“

„Nein, scheußlich!“

„Das ist okay!“

Alfred hatte Kunst studiert, war dann Taxi gefahren und hatte schließlich in der Kneipe hinterm Tresen angefangen, Getränke auszuschenken, eine ganz normale Karriere in Berlin Kreuzberg. Sein Atelier lag auf einem ehemaligen Fabrikgelände an der Fidicinstraße. Die Sonne knallte durch das Oberlicht herein. Schon fast sechsunddreißig Grad. Wie in einem Backofen.

In der umfunktionierten Schlosserwerkstatt, zu ebener Erde, lagen unbehauene und angefangene Steinblöcke herum. In der Mitte des Raumes, von einem Sockel, glotzte die scheußliche Kreatur Tina an.

„Wenn man sie anfasst, sind sie ganz schön, so weich, nur ansehen kann man sie nicht.“

Tina stand neben Alfred und strich mit der Hand über die Formen.

„Lass, ich bin noch nicht fertig!“

Sie wischte den weißen Staub von ihrer Hand an Alfreds blauer Arbeitshose ab, von seinem Hintern runter zu seinen Sandalen und wieder rauf.

„Hör auf, Paul muss gleich kommen.“

Alfred schubste Tina sanft von sich weg. Sie ließ nicht locker.

„Erst um sechs, jetzt ist es vier, ist noch genug Zeit. Viel Zeit.“

Tina schloss die Ateliertür und drehte den Schlüssel. Alfred bearbeitete die Skulptur, Tina bearbeitete Alfred. Die Fliege drehte ihre Zickzack-Runden und die Ameise war unter das Schleifpapier geraten.

Eine halbe Stunde später saß Tina mit angezogenen Beinen und Alfreds Arbeitshose über den nackten Schultern in einem Korbstuhl. Sie konnte sich in dem schon ziemlich erblindeten großen Spiegel gegenüber an der Wand sehen. Sie streckte die Beine aus und machte sie breit.

„Du solltest wirklich mal eine Skulptur von mir machen.“

„Ja, vielleicht, irgendwann.“

„Aber bevor alles erschlafft!“

„Gib mir die Hose.“

„Du siehst sehr sexy aus ohne.“

Alfred hatte begonnen, das neu erschaffene Ungeheuer mit einem Handfeger abzustauben. Tina prüfte ihre Haut auf erste Anzeichen von Erschlaffung, konnte aber nichts erkennen und war zufrieden.

„Jetzt mal ohne Quatsch, warum machst du nicht mal andere Dinge?“

„Weil ich sie so machen muss, darum.“

„Du musst sie machen?“

„Ja, das kommt aus der Seele. Es sind Abbilder meiner Seele.“

„So hässlich ist deine Seele?“

„Für mich sind sie nicht hässlich, sie verkörpern das Unfertige, das Suchen nach Formen, die nicht der Norm entsprechen.“

„Entspricht mein Körper der Norm?“

In ihren Augen blitzte etwas, das Alfreds Seele in Versuchung brachte, der Norm nachzugeben. Tina war fünfundzwanzig Jahre jünger, und das Thermometer im Atelier kletterte auf neununddreißigeinhalb Grad. Vielleicht spielte deshalb die Fliege unter der Möwe verrückt.

„Ich bin auf der Suche, so was kann man schlecht erklären.“

Alfred hatte Mühe, sich nicht von Tinas Spiel mit ihren Brustwarzen ablenken zulassen.

„Wenn ich anfange zu arbeiten, weiß ich nicht, wo es hin geht, ich meine, die Seele gibt Informationen an das Gehirn und das gibt sie weiter an die Hände. Und im Gehirn ist, wie soll ich sagen, da ist kein Regler eingebaut, der den Händen sagt, das gefällt anderen Menschen oder nicht. Da ist kein Filter, der entscheidet, ob es schön ist oder hässlich. Es kommt eben einfach raus.“

Tina hatte sich aus dem Korbstuhl erhoben und die Arbeitshose von Alfred auf den Boden fallen lassen. Das war eine ganz klare Provokation.

Um fünf vor sechs saßen Alfred und Tina auf der kleinen Bank vor der weit geöffneten Ateliertür. Alfred rauchte. Tina versuchte mit bloßen Zehen kleine Grasbüschel, die zwischen den Steinen wuchsen, herauszuziehen. Sie warteten auf Paul.

„Was ist eigentlich mit Liebe, Alfred?"

„Zweimal in zwei Stunden ist schon ein guter Schnitt, denke ich."

„Ich meine Liebe, verstehst du!"

Alfred hatte verstanden.

„Ja, ich denke schon, dass ich dich liebe."

„Du denkst?"

„Tina, wir kennen uns jetzt sechs Monate. Ich weiß nicht, ob ich dich liebe. Ist das wichtig für dich?"

„Nein, ich glaube nicht."

Tina hatte es wirklich geschafft, ein Büschel Gras mit den Zehen herauszureißen. Triumphierend hielt sie ihren Fuß gegen die Abendsonne. Sie stießen mit rotweingefüllten Wassergläsern auf das neugeborene Ungeheuer an, das in der Mitte des Ateliers auf Paul wartete.

Drinnen war die Temperatur auf neunundzwanzigeinhalb Grad gesunken.

Die Fliege war beim Versuch, vom Rotwein zu naschen, ertrunken.

3. Eine Partie Schach

Monis professionelle Augen schmerzten, als sie die Wohnung des Architekten in der Solmsstraße mit einem Rundblick inspiziert hatte. Die Einrichtung bestand aus frühem Ikea, mit Accessoires auf Tischen, Böden und an Wänden, die jeder Beschreibung spotteten.

„Was glaubt der Mensch, was ich für Kunden habe?“ dachte sie und sagte: „Hören Sie, ich denke nicht, dass wir ins Geschäft kommen. Es ist ja alles Geschmacksfrage, aber um das hier weiterzuverkaufen, müssen das Zeug und ich erst einmal hundertfünzig Jahre älter werden, und ich glaube, ehrlich gesagt, nicht, dass ich unsterblich bin. Tut mir leid.“

Die Fronten waren geklärt. Das Spiel konnte beginnen. Die Figuren auf dem Schachbrett warteten, um sich gegenseitig herunter zu werfen. Albrecht machte seinen ersten Zug, der gleich gründlich in die Hose ging.

„Sie meinen nicht, dass die Möbel, ähh, sie sind gut gepflegt, ähhm, wie Sie sich überzeugen können. Sie haben natürlich die größere Erfahrung.“

Paul hätte in diesem Moment schon aufgegeben und die vom Häuserplaner gewünschte Summe auf den Tisch gelegt und ihn dann noch auf ein Bier eingeladen. Gut, dass sie ihn nicht mitgenommen hatte, sie würde leichtes Spiel haben.

„Tja, alles gut und schön, aber ich fürchte, es wird nicht viel Sinn haben.“

Das hatte gesessen. Der Architekt begann zu flattern.

„Wissen Sie, ich hänge an den Sachen, und es fällt mir wirklich nicht leicht, mich davon zu trennen. Aber ich übersiedle in die Vereinigten Staaten, und da lohnt es nicht, die Einrichtung mitzunehmen.“

„Und ich soll dir jetzt ein Vermögen dafür zahlen, du Spaßvogel“, schlussfolgerte Moni und fegte einen Bauern vom Spielbrett.

„Ich habe mir in New York ein komplett eingerichtetes Apartment gekauft.“

Das schlug dem Fass den Boden aus! Für wen hielt er Moni, für ein Bauerntrampel, dem man erzählen konnte, dass im Himmel Jahrmarkt ist? Er, der einen

Sommerrollkragenpullover mit grauen Hosen aus anscheinend edlem Zwirn und keine Schuhe an den schwarzen Wollsocken trug, um die abgezogenen Dielen zu schonen.

Noch ein Bauer des Architekten flog im hohen Bogen aus dem Spiel.

„Ich kann mir denken, dass es nicht leicht ist, solche Einrichtung wieder zu verkaufen, vielleicht können wir uns ja doch noch einigen?“

Eins seiner Pferde begann in die Knie zu gehen.

„Wollen mal sehen. Ich könnte Ihnen anbieten, für einige Teile, von denen ich denke, dass sie noch verwertbar sind, ein Angebot zu machen.“

Moni opferte einen Bauern um an seine Königin heranzukommen.

„Aber versprechen Sie sich nicht zu viel. Für den Rest können wir eine Pauschale vereinbaren.“

„Möchten Sie ein Gläschen Wein oder Sekt?“

Dieser Zug war zu erwarten. Ein bisschen plump, aber schließlich war er kein Profi, und er konnte nicht wissen, dass Moni einiges vertrug. Sie ließ ihn, wenigstens für diesen Moment im Glauben, im Vorteil zu sein.

„Ein Glas Rotwein würde ich nehmen.“

Besser, er nahm auch ein Glas, dann würde es nicht so weh tun, wenn er k.o. ging und auf den abgezogenen Dielen liegen blieb.

„Ich trinke eins zur Gesellschaft mit.“

„Gut so, Junge, das macht es leichter.“

„Wie bitte? Sagten Sie etwas?“

„Ich sagte, das macht das Leben leichter, so ein Glas Rotwein, Prost.“

Sie stießen mit den Gläsern an, und der Architekt lächelte.

„Zum Wohl, ich heiße übrigens Albrecht. Der Wein ist aus der Toscana, ich habe ihn von meinem letzten Urlaub mitgebracht.“

Genauso sah er aus, Urlaub in der Toscana, und wenn er jetzt noch töpfern war, befürchtete Moni, würde sie einen Lachkrampf kriegen. Typen wie ihn konnte sie nun überhaupt nicht ausstehen. Sie hatte mal so einen gehabt, und als sie gerade dabei gewesen waren, versicherte er ihr, dass er wie eine Frau fühlen könne. Na, sie wae raus aus dem Bett und nichts wie weg.

Albrecht legte eine Vinylscheibe von Miles Davis auf seinen Plattenspieler. Moni wusste, dass sie die auf keinen Fall kaufen würde. Sie hatte für Mr. Davis nicht viel übrig.

„Sie sind sehr attraktiv, entschuldigen Sie bitte!“

Sein König fiel polternd um.

„Was halten Sie davon, wenn wir nachher, ich meine, nachdem Sie das Angebot gemacht haben, gemeinsam Essen würden? Ich kenne ein nettes Lokal.“

„Ich wette, dass du das kennst“, dachte Moni und sah schon die Dame ihres Gegners das Zeitliche segnen.

„Mal schauen, jetzt will ich mir erst die Sachen ansehen.“

Albrecht trottete Moni hinterher und schaute ihr über die Schulter. Sie sah sich einen Sekretär an, einen Teppich, ein Porzellanpüppchen, ein paar Bücher in einem Regal, einen Kerzenständer und Sammeltassen in der Vitrine, die offensichtlich nachgemachte Stücke waren. Sie ging zum Bücherregal zurück und griff zu.

„Ein Erbstück meines Vaters, das möchte ich nicht verkaufen.“

Das Erbstück war ein Textbuch von Lessings Minna von Barnhelm. Moni bemerkte mit Bleistift unterstrichene Textpassagen von Major von Tellheim und am Rand eingetragene Bemerkungen.

„Mein Vater war Schauspieler.“

„Bekannt?“

„Nein, er hat nur in der Provinz gespielt.“

Der Architekt wurde abweisend und stellte das Manuskript in das Regal. Moni fiel auf, dass es in der Wohnung keine Fotografien gab. Merkwürdig, dachte sie, und Miles’ Musik ging ihr langsam auf die Nerven.

„Wir hatten kein gutes Verhältnis, mein Vater und ich“, entschuldigte er sich ohne Grund bei Moni.

„Verstehe.“

Moni war das auch egal, was gingen sie die Verhältnisse des Toscanareisenden an. Sie wollte jetzt nur schnell und schmerzlos die Schachpartie beenden. Sie ging nochmals durch die Wohnung, zeigte mit dem Finger auf Objekte, nannte Summen, schüttelte den Kopf, opferte dem Architekten noch zwei Bauern und stellte ihn mit der absolut geschmacklosen grünen Ledercouch Schachmatt. Er musste seine Niederlage eingestehen. Ein Preis und der Termin zum Ausräumen der Wohnung wurden vereinbart. Aus dem Essen wurde auch nichts.

4. Beginn einer wunderbaren Freundschaft

Oliver kam nach Berlin. Direkt checkte er in die stressbefreiten Zone Friedrichshain-Kreuzberg ein.

Abgesehen von einer Woche anlässlich einer Klassenfahrt kannte der junge Mann Berlin nicht wirklich.

Und nun sollte er hier leben und studieren.

Schon der erste Eindruck am U-Bahnhof Kottbusser Tor, drei Straßen von seiner neuen Wohnung gelegen,, war ein einprägsamer. Drogen, Alkohol und Verbrechen von klein bis groß empfingen den Münsteraner, der, aber auch nur einmal, einen Zug von einem Joint genommen hatte. Das war noch vor dem Abitur. Und ein T-Shirt hätte Oliver auch fast einmal in einem Kaufhaus in der Salzstraße, in Münster, geklaut. Für ein Mädchen, das aber noch rechtzeitig die Beziehung zu ihm beendet hatte, bevor Oliver auf die schiefe Bahn geraten war.

Ein wenig mulmig war dem jungen Mann schon in der neuen Umgebung.

Es sind zwei verschiedene Paar Schuhe, zwei Wochen lang vor dem Ernst des Studiums auf Mallorca am Ballermann sechs das Leben kennenzulernen oder in der Oranienstraße. Und Brötchen heißen Schrippen!

Oliver packt das schon, hatte sein Vater gesagt, als sich in Münster die Nachricht verbreitete, dass der Sohn des angesehenen Apothekers in der Hauptstadt studieren wird.

Die Mutter hatte die Jeans frisch gewaschen; die Haare waren geschnitten. Die Love-Parade war gerade vorbei und das Sommerloch in der Politik noch nicht gefunden. Also beste Voraussetzungen für Oliver, vor dem Beginn des ersten Semesters seines Jurastudiums nicht unter die Räder der Großstadt zu kommen.

„Na, junger Mann? Auf der Suche nach der Schwerkraft?“

Eine Johannes-Heesters-Type mit grauen Haaren, die seit 1970 ihren Schnitt nicht verändert hatten und das verknautschte braungebrannte Gesicht einhüllten, grinste Oliver an. Er hatte sich beim Versuch, gleichzeitig dem türkischen Jugendlichen und der Bordsteinkante seine Aufmerksamkeit zu widmen, langgelegt.

„Is’ was passiert?“ fragte ihn Herr Heesters, der ihm aus der Perspektive eines Riesen die Hand hinhielt.

„Nein, danke, alles in Ordnung."

„Das eigentlich Gefährliche in dieser Stadt ist, wenn man hinfällt, nicht genau in einem Hundekothaufen zu landen. Gehe ich recht in der Annahme, Sie sind neu in der Gegend?"

„Ja, ich komme aus Münster."

„Schönes Städtchen, bin mal durchgekommen."

Als Oliver die gleiche Größe erreicht hatte wie sein hilfsbereiter Gesprächspartner und ihn musterte, dachte er, dass so etwas in Münster wahrscheinlich keine guten Tage hätte. Der Alte trug einen ziemlich abgewetzten schwarzen Anzug, und das weiße Hemd war lange nicht gewaschen worden, geschweige, dass es in letzter Zeit ein Bügeleisen an sich herangelassen hatte. Die Augen von Olivers Mutter sahen die Schuhe und wandten sich entsetzt ab.

„Wenn man so lange hier wohnt wie ich, erkennt man Ortsfremde auf den ersten Blick", sagte der Johannes Heesters für Arme und zeigte auf das Haus in seinem Rücken.

„Es sind jetzt bald fünfzig Jahre, dass ich hierhergezogen bin. Da war hier alles noch anders, wie Sie sich denken können. Wir könnten ja mal ein Tässchen Kaffee zusammen trinken, oder auch was Alkoholisches. Könnte ihnen eine Menge erzählen, wenn Sie …"

Oliver sah auf seine Armbanduhr.

„Nun ja, wir werden uns bestimmt noch über den Weg laufen, ich heiße Konnopke, Erich Konnopke. Bin aber nicht verwandt mit der in der Stadt beliebten Currywurstbude. Jedenfalls ist mir eine verwandtschaftliche Beziehung nicht bekannt."

Er gab Oliver die Hand, die sich anfühlte wie weiches Leder. Wie die Pfote einer Katze.

Einen Kaffee vor sich, eine Zeitung auf dem Tisch und eine Zigarette in der Hand, Mutter wusste nicht, dass er rauchte. So saß Oliver ein paar Tage später vor einem Café auf dem Mariannenplatz. Seine Mutter hätte auch ganz bestimmt nichts Gutes geahnt, hätte sie von dem Hemd gewusst, das in dem gleichen Anzug steckte und den Schuhen, die Mutters Blick, durch Olivers Augen, schon beim ersten Mal schockierten, die Herr Konnopke auch jetzt noch nicht geputzt hatte.

„Junger Freund, wie geht es Ihnen?"

„Ähh, gut, danke."

Zwei Gedanken war Oliver von einer weiteren Begegnung mit Herrn Heesters entfernt. Erstens nicht kennen, zweitens keine Zeit haben. Aber er konnte nicht lügen. Er durfte es auch noch nie. Es war die gute Erziehung, die Herrn Konnopke und seiner Plastiktüte erlauben würde, sich an seinen Tisch zu setzen.

„Wie ich sehe, bevorzugen wir beide das gleiche Etablissement."

Das hörte sich an, als könne man hier Damen mit einem zweifelhaften Ruf kennenlernen. Herr Konnopke pries die Vorzüge des Cafés.

„Der Kaffee ist ausgezeichnet …, ich werde ihn vermissen, wenn wir Casablanca verlassen", und „charmant, dass Sie ihn bei mir getrunken haben", vervollständigte Oliver in Gedanken den Dialog aus seinem Lieblingsfilm mit Humphrey Bogart und Ingrid Bergmann.

„Störe ich Sie?", fragte der Alte den abwesenden Jungen.

Da war es wieder, dieses Verhältnis zur Lüge, und jetzt kam auch noch Höflichkeit dazu. Sollte er sagen, dass er kein Interesse an einem Gespräch hatte, geschweige auf eine Bekanntschaft Wert legte? Das wäre die Wahrheit. Aber die Höflichkeit verbat es. Verdammt, auch noch fluchen. Es war ein langer Weg von der guten Erziehung zum Erwachsenwerden.

„Nein, aber ich habe leider Ihren Namen vergessen."

„Konnopke, wie die Currywurstbude, Erich. Sie müssen da mal hingehen, lohnt sich. Einen Kaffee bitte!"

Konnopke stellte seine Plastiktüte auf einen der leeren Stühle, platzierte sich auf einen anderen und gab bei der Bedienung seine Bestellung auf.

„Ich heiße Oliver."

Seinen Nachnamen verriet Oliver nicht. Irgendwie dachte er an zu Hause und dass dieser Mensch, wenn er wüsste wie er heißt (dass er aus Münster kam, wusste er schon), sich bei seinen Eltern melden könnte. Absurd, aber er konnte Konnopke nicht einschätzen, und das würde was geben, zu Hause.

„Haben Sie ein Gespenst gesehen?"

„Mutter!", dachte Oliver und fing sich gleich wieder. „Ich las die Zeitung, bevor Sie kamen. Ich brauche immer einen kleinen Moment, um wieder in die Realität zurückzukommen, das geht mir auch beim Lernen so und beim Fernsehen."

„Das kenne ich, Konzentration. Ich war früher Schauspieler, da braucht man auch Konzentration, um sich auf eine Rolle vorzubereiten und sie zu spielen. Im Übrigen bin ich nicht homosexuell, falls Sie das vermuten."

Oliver nahm seine Brille ab und putzte sie ausgiebig, als ob er dann klarer sehen würde. Daran, dass Herr Konnopke schwul sein könnte, hatte er nicht gedacht. So einen Menschen hatte er vorher noch nie gesehen, ob er nun schwul war oder nicht.

„Ich halte sie nicht für, ich meine, ich kenne Sie ja gar nicht."

„Sie müssen nicht verlegen sein, junger Freund. Ich kann sehr gut verstehen, dass ich Sie irritiere. Wenn mich in meiner Jugend so ein alter Schnösel angemacht hätte, würde ich auch so reagieren."

„Sie sind Schauspieler?"

„Ich war es. Jetzt bin ich dabei, das bisschen Rente aufzuessen, das mir die Schauspielerei eingebracht hat. Sie studieren?"

„Ja, Jura."

„Sehr schön, mein Sohn ist Architekt. Er geht nach Amerika, nach New York. Er ist, glaube ich, sehr erfolgreich."

„Sie glauben?"

„Wir haben keinen engen Kontakt, er schämt sich meiner. Sein Vater passt nicht ins Bild. Seinen Nachnamen hat er auch geändert."

„Warum?"

„Der Karriere wegen, und weil er befürchtet, dass mich irgendjemand mit ihm in Verbindung bringen könnte. Das wäre ihm peinlich. Aber wer soll sich schon für mich interessieren? Wir treffen uns einmal im Jahr, an einem Ort, wo ihn niemand kennt. Konspirativ. Vor drei Tagen war es mal wieder so weit. Draußen, in Buch, in einer kleinen Gastwirtschaft. Dabei hat er eine Wohnung hier gleich um die Ecke. Ich soll mich nicht bei ihm melden, er schickt mir eine Postkarte, ohne Absender, und teilt mir mit, wo wir uns treffen."

Konnopke machte eine Pause und rührte mit einem Löffel den Kaffee, nachdem er die Schwärze mit Milch verändert hatte. Bevor er einen Schluck trank, sagte er: „Und wenn wir uns treffen, redet er nur von sich und seinen Problemen. Dann zahlt er meinen Kaffee und zwei Cognacs, und bevor wir gehen, will er mir jedesmal Geld zustecken, aber darauf kann ich verzichten.

Jetzt geht er nach Amerika. Na, da braucht er keine Angst mehr zu haben, dass ihm sein alter Herr Schande macht. Ist schon irgendwie traurig, wenn man von seinem eigenen Fleisch und Blut abgelehnt und verleugnet wird."

„Sie müssen ziemlich enttäuscht von Ihrem Sohn sein", sagte Oliver und fühlte Mitleid mit dem Alten.

„Eigentlich nicht, ich kann ihn verstehen, ich bin für die Kreise, in denen mein Sohn verkehrt, nicht tragbar. Nicht gesellschaftsfähig. Niemand kann aus seiner Haut."

„Ihr Sohn geht nach Amerika?"

„Ja, er will seine ganze Wohnungseinrichtung an einen Trödelladen in der Bergmannstraße verkaufen. Ich kenne die Besitzerin recht gut."

Konnopke erzählte von dem Antiquitäten- und Trödelläden, wo er selbst gelegentlich das eine oder andere Stück zu erwerben pflegte. Er erzählte von seinen eigenen Erinnerungsstücken aus seiner Kindheit, von denen viele den Krieg nicht überdauert hatten, und dass er sich nun ab und zu Erinnerungen aus zweiter und dritter Hand kaufte.

„Sozusagen, als Wiederaufforstung eines Waldes, mit Lebenserinnerungen. Der im Krieg ziemlich gelitten hat. Wenn Sie Lust haben, können Sie sich ja meinen Wald einmal ansehen. Vielleicht werde ich auch einige Erinnerungen meines Sohnes erwerben und sie in meinem Wald einpflanzen, vielleicht braucht er sie auch einmal. Ich werde sie für ihn aufheben."

Oliver erfuhr von Herrn Konnopke noch einiges von dessen Lebenserinnerungen. Es war gegen sechs, die Zeit war verflogen. Oliver schloss sich Herrn Konnopke zu einem Spaziergang an. In der Plastiktüte waren altes Brot und Schrippen.

Konnopke hatte seit Jahren die Angewohnheit, einmal die Woche zum Landwehrkanal zu gehen und dort

Vögel zu füttern. Menschen lagen auf der Wiese und genossen den warmen Frühlingstag am Ufer. Trommelschläge, vom Karneval der Kulturen, flogen von der Urbanstraße herüber.

„Es war für meine Frau und mich einer der schönsten Plätze, hier unter den Trauerweiden. Jetzt ist sie schon beinahe fünfzehn Jahre tot. Wenn ich so auf den Kanal sehe, ist es, als ob das Wasser die Gedanken fortträgt. Wenn ich gläubig wäre, ginge ich in die Kirche, so komme ich hierher."

„Sie beichten?"

„Nun ja, soviel gibt es bei mir nicht zu beichten. Ich rede, ich höre zu, ich finde Kraft und Ruhe. Wissen Sie, der Mensch braucht einen Platz, einen, ganz bestimmten, einen, wo er sich geborgen fühlt. Einen Ort, zu dem er kommen kann und weiß, er ist willkommen. Für einen ist das sein zu Hause, seine Wohnung oder eben eine Kirche oder sonst wo. Für mich ist es dieses Stückchen Ufer, mit Enten, Kot und Abfall."

Oliver begleitete Herrn Konnopke nach Hause, bis vor dessen Eingangstür. Dort gaben sie sich die Hand und verabredeten sich für zwei Tage später in dem Café am Mariannenplatz. Oliver dachte an Humphrey Bogart und an den Beginn einer wunderbaren Freundschaft. Seine Mutter brauchte ja nichts von seinem neuen Freund zu wissen.

Doch Herr Konnopke konnte die Verabredung nicht einhalten. Noch am selben Abend wurde er von der Feuerwehr ins Urban-Krankenhaus gebracht und verstarb an einem Herzinfarkt.

5. Ein Frühlingstag

Ein kurzer Blick, ein flüchtiges Wahrnehmen von Anwesenheit, durch einen anderen Menschen, der ihm auf der Straße entgegen kam. Und er hielt dem Blick stand, versuchte gar nicht hinunter auf die Straße zu sehen oder sich in seine Welt zurückzuziehen.

Es war der Beginn eines Frühlingstages nach einem langen, kalten Winter.

Der Kontakt mit seiner Welt kam mittels einer Fernbedienung zustande. Der Fernseher lief Tag und Nacht. Er sah alles, alles interessierte ihn, alles nahm sein Gehirn auf, doch bis in sein Inneres drang nur wenig vor.

Oft blieb er vor einem der Schneekanäle sitzen und spürte den Winter. Spürte die ihm aufgezwungene Einsamkeit.

Hans war Frührentner, mit einunddreißig. Er lebte von einer kleinen monatlichen Überweisung für eine anerkannte Krankheit der Seele in einer Einzimmerwohnung auf einem Hinterhof in der Bergfriedstraße.

Diese Krankheit hatte er schon als Jugendlicher. Er hatte versucht, sie zu überwinden, hatte gegen sie angekämpft und schließlich doch gegen sie verloren. Endgültig ruiniert wurde seine Seele durch eine gescheiterte Beziehung zu einer Frau, der einzigen in seinem Leben.

Das war vor fünf Jahren. Jetzt machte er täglich einen Spaziergang, immer zur gleichen Zeit, immer die gleichen Straßen, immer die gleichen Gehwege, sah dieselben Geschäftsauslagen, wusste, welches Teil am Tag davor noch nicht dort gelegen hatte, wo es jetzt lag.

Hans kannte die Gesichter hinter den Schaufenstern und wurde traurig, wenn eines verschwand und nicht wiederkam. Diese Traurigkeit gehörte zu seiner Krankheit und zu seinem Leben.

Auf einem seiner Spaziergänge nahm er die Frau das erste Mal war. Sie stand in einem Antiquitätengeschäft und sprach mit einem Kunden. Es war für ihn, wie in allen anderen Schaufenstern, in die er sah, nur ein Gesicht. Ein Gesicht ohne eine Geschichte.

Bis sich ihre Blicke begegneten.

Es war der Tag, als die Strahlen der Morgensonne durch seine sonst dicht geschlossenen Gardinen in sein Zimmer fluteten. Der Strahl traf auf ein blank geputztes Stövchen, das auf einem kleinen Spitzendeckchen in der Mitte des Tisches das Teekännchen wärmte.

Seine Nachlässigkeit, der Spalt in der Gardine, führte dazu, dass der abgeleitete Lichtstrahl auf den Bildschirm des Fernsehers fiel.

Genau in diesem Augenblick sagte der Moderator der morgendlichen Teleeinkaufssendung: „Wenn sie jetzt dieses Produkt bestellen, bekommen Sie diese praktisch unzerstörbare, abwaschbare und widerstandsfähige „Seele“, noch dazu.“

Der Moderator hielt die „Schere“ in die Kamera und pries stumm seine Produkte weiter an. Hans hatte den Ton in seinem Kopf abgestellt.

Eine neue Seele. Eine neue Seele. Eine neue Seele!

Wie bekam man eine neue Seele? Oder, wie konnte man die eigene wiederherstellen? Von allen Ängsten und von der Traurigkeit befreien, sie säubern?

Alle Ärzte, bei denen Hans gewesen war, hatten keine Lösung gehabt, kein Rezept gefunden, hatten ihm nicht helfen können, seine Seele zu befreien.

Genau an diesem Tag, als die Sonnenstrahlen ungebeten in sein Zimmer drangen, stand er vor dem Antiquitätengeschäft in der Bergmannstraße, und dort traf ihn der Blick der Frau mit den roten Haaren.

Der Blick sprach: „Geh dorthin, wo Menschen tanzen, überquere einen Fluss, besteige den Gipfel eines Berges, und du wirst den Weg in die Freiheit finden."

Es waren vielleicht vier oder fünf Sekunden, die seine Welt auf den Kopf stellten. Jetzt ließ er seine Gardinen mit Absicht einen Spalt offen. Der Fernseher lief nicht mehr den ganzen Tag. Stattdessen saß er stundenlang vor einem Porträt, das er mit einem Kugelschreiber auf die weiße Rückseite eines abgerissenen Kalenderblattes gezeichnet und mit Reißnägeln an die Wand geheftet hatte. Es war die Frau aus dem Geschäft.

Hans war kein Künstler. Es war ein Krikelkrakelbild.

Das Bild war wunderschön geworden und der Moment in ihren Augen, in dem sich der Frühling für ihn gezeigt hatte, strahlte aus ihrem Gesicht. Er hatte ihr rotes Haar mit einem Buntstift ausgemalt und ihren Mund mit einem Tropfen Blut von sich ausgewischt. Auf der rechten Seite hatte er einen Berg gemalt, und zur Linken des Gesichts schlängelte sich ein Fluss. Überall tanzten Strichmännchen.

Hans sah in die Augen, und sie gaben ihm das Zeichen zum Aufbruch.

Er verließ seine Wohnung und verließ seine übliche Route. Auf den Straßen rund um die Gneisenaustraße tanzten Menschen beim Karneval der Kulturen, und Hans lief durch die Menge und ließ sie hinter sich.

Er überquerte den Landwehrkanal und bestieg den Kreuzberg. Auf dessen Spitze, nah bei den Wolken, nah bei der Sonne, verweilte er einen Moment. Er spürte die Kraft, er pumpte den Duft der Freiheit in seine Lunge und begann den Abstieg, hinunter, auf der ihm unbekannten Seite des Berges, in eine Zukunft.

Hans hatte seine Reise begonnen. Er war auf der Suche nach dem Frühling, um einen Sommer zu finden.

6. Grüsse aus dem Fichtelgebirge

Er sah aus, als hätte er sich an einem etwas zu üppigen und zu hastig heruntergeschlungenen Leben verschluckt. Auf schwarzen Ringen lagen ein paar hervorquellende Augen und starrten sein Gegenüber an. Der dünne Mund, zusammengekniffen, war bemüht, nicht das ganze Elend seiner Seele zu erbrechen.

Er tat Texas-Klaus, der eigentlich Klaus-Dieter hieß, leid. Nicht nur deshalb, weil der leidende Lebemann Schnäpse mit einer fahrplanmäßigen Regelmäßigkeit orderte und bezahlte, nein, auch weil er selbst nicht mehr ganz taufrisch morgens in den Spiegel schaute.

Texas, alias Klaus-Dieter, hatte seinen Spitznamen von einem Besuch in Kanada, wo eine Tante von ihm wohnte. Für die Kneipengemeinschaft im „Riemann-Eck“ war alles, was jenseits des Atlantik lag, Texas.

„Was is’n los mit dir? Verträgst wohl nischt?“, lallte ihn sein dünnlippiger Spendierhosenträger an, der sich als „Manne“ vorgestellt hatte. Er kratzte sich sein Fell gleich unter dem Goldkettchen, das seinen sehnigen Hals schmückte. Er mochte so um die Siebzig sein. Ein

Blick in seine Brieftasche veranlasste ihn, einen Fluch in die dicke Kneipenluft zu schneiden.

„Verfluchter Finanzminister, verfluchter!“

Klaus-Dieter war elend zumute, nicht nur von den Klaren und vom Bier.

Er zählte die Jahre seines Lebens durch, die er wie Kugeln einer chinesischen Rechenmaschine in Gedanken abstreifte. Es gab kein gutes Abschlusssaldo für seine fünfundvierzig Jahre.

Die meisten Kugeln, die er zählte, gingen für acht Stunden am Tag, fünf Tage die Woche, fünfzig Wochen im Jahr, für Maloche drauf. Der Rest für die Familie, die eine Postkarte aus dem wohlverdienten Urlaub aus dem Fichtelgebirge geschickt hatte. „Lieber Vater, uns geht es gut!“

Ein Job, schwarz, hatte sich zwischen ihn und den schönsten Wochen im Jahr geschoben. Es gab keine Alternative, die neue Schrankwand wollte bezahlt werden. Und jetzt saß er mit einem am Tisch, der solche Sorgen nicht kannte und mangels solcher Sorgen noch ein paar Flüche an den Finanzminister nachlegte.

„Verfluchte Weiber, verfluchte! – Und tschüs!“

Die dünnen Lippen ließen einen Schnaps passieren und wurden noch schmaler von der Schärfe des Getränks, gleichzeitig kullerten die Glubschaugen nach innen.

„Hast du viele Frauen gehabt?“

„Massenhaft. Und noch immer hängen sie mir auf der Pelle!“

Pelle, war die richtige Beschreibung für die Haut des Lebemanns. Klaus-Dieter versuchte sich vorzustellen, dass eine Frau diese labbrige Hülle anziehend finden sollte. Wie ein Hähnchen, das noch nicht gegrillt war. Er schüttelte sich, der Schnaps war runter, ein Schluck Bier dämpfte die Wirkung.

„Und alle wollen sie nur mein Geld!“, verknüpfte Manne seine Lieblingsthemen, Frauen und Geld.

„Hast du viel Geld?“

„Hör mal, darüber redet man nicht. Aber genug, verlass dich darauf!“

„Hast du Kinder?“

„Nee, kann ich getrost drauf verzichten. Wenn ich mal hops gehe, geht alles an meine Frau. Aber erst dann. Vorher hat sie nach meiner Pfeife zu tanzen, wenn du verstehst, was ich meine? Sie ist fünfundzwanzig und sitzt auf Mallorca.“

Klaus-Dieter fragte sich, ob er diesem Manne schon einmal begegnet war.

„Hab dich noch nie hier gesehen.“

„Bin das erste Mal hier, hab mir vis-à-vis einen Laden angesehen.“

„In welcher Branche bist du denn?“

„Bist du vom Finanzamt?“

„Nee, ich bin Anstreicher.“

„Na, Gott sei Dank. Die kann ich gar nicht leiden, diese Finanzheinis, die einen nur schröpfen. Aber Maler ist ein schöner Beruf, könnte dich vielleicht mal gebrauchen, oder machst du nix …?“ Manne machte eine Handbewegung, als wolle er Luft hinter seinen Rücken schaufeln.

„Ich mach’ alles!“, prahlte Klaus-Dieter.

Manne deutete mit dem Zeigefinger an, er solle näherkommen. Sie beugten ihre Köpfe, bis sich ihre Nasen fast berührten. Klaus-Dieter roch den Atem, der mühsam durch gespitzte Lippen pfiff, und als sie sich für kurze Momente öffneten, dachte er an totes Getier, dachte an den Müllwagen, der donnerstags kam, und dachte an die Brieftasche in der Jacke des übelriechenden Mundes.

„Ich bin ein Jongleur, ich jongliere mit allem, was man zu Geld machen kann. Ich bin ein Geldjongleur, sozusagen. Ich hab' ein paar Spielhallen, ein paar Immobilien, ein bisschen von dem, ein bisschen von dem, das läppert sich. Seit neustem habe ich auch eine Hazienda auf Mallorca. Hab' ich schon erzählt, was?"

Die konspirative Haltung lösend, lehnte sich Manne, noch eine Runde ordernd, zurück und fuhr fort: „Gleich nach der Wende, habe ich angefangen, aus Dreck Geld zu machen. Es gab eine Menge Zaster zu verdienen. Man muss nur zugreifen können."

Klaus-Dieter war jetzt fünfundvierzig, hatte Schulden, musste eine Familie ernähren, und jetzt tat ihm der Lebemann nicht mehr leid. Zugreifen!

„He, gehört jemand der rote Passat? Er steht vor der Einfahrt!", rief ein Mann, in der Kneipentür stehend, in den Raum.

„Komm' ja schon, keine Panik, musste bloß mal telefonieren. Das scheiß Handy hat wieder kein Empfang."

Eine Rothaarige in enger Lederhose folgte dem Mann in der Tür nach draußen. Die Blicke der männlichen Besucher des Lokals folgten ihr. Auch Klaus-Dieter und Manne hefteten ihre Augen auf die Lederhose.

„Weiber!", kommentierte Manne den Abgang der Rothaarigen und ließ den Schnaps verschwinden. Mit einem Wink zum Tresen bestellte er eine neue Runde.

„Hast du schon mal einen umgebracht?", fragte Klaus-Dieter unvermittelt seinen Gegenüber. Mannes dünne, verkniffene Lippen dehnten sich seitlich auseinander, bis sie die Wangen soweit hochgeschoben hatten, dass die schwarzen Augenringe und die Augen selbst praktisch nur noch zwei Striche im Faltengesicht bildeten.

„Du kannst tolle Fragen stellen! Mensch, meinste, das würde ich dir sagen? So was posaunt man doch nicht rum.“

Der Wirt brachte die Schnäpse.

„Reden wir mal von dir, siehst mir so aus, als könntest du ein paar Tipps fürs Leben brauchen.

Haste Familie? – Dacht’ ich mir, zwei Kinder, und bestimmt ’nen Kredit am Arsch? Siehste, das ist der Unterschied zwischen uns, ich gebe Kredite!

Du rackerst dich ab, und deine Alte jammert dir die Ohren voll. Naja, das Fichtelgebirge soll ja auch ganz schön sein. Ich möchte wetten, sie wollte irgendwo hin, wo’s warm ist. Malediven oder so. Tja, da geht’s anders ab, da steppt der Bär. Das ist was für kleine pummelige Frauen, deren Männer zu Hause bleiben und die Kohle ranschaffen müssen. Und was hast du davon? Nix! Du machst hier den Knecht, und die Herrin lässt sich massieren oder noch ganz andere Dinge. Nimmst du dir wenigstens Mal deinen Anteil?“

„Meinen Anteil?“

„Na mal ordentlich auf die Pauke hauen! Die Puppen tanzen lassen. Es gibt doch genug Läden, wo man sich amüsieren kann. Keine Kohle, wat?“

Manne holte seine Brieftasche hervor, zog einen Hunderter heraus und knallte ihn vor Klaus-Dieter auf den Tisch.

„Hier, du sollst nicht leben wie ein Hund. Halt dich an Manne fest, und du wirst immer gut fahren. Aber nie bescheißen, verstehst du? Manne bescheißt man nicht. Das kann ich nicht leiden. Wie meine Alte auf Mallorca. Wenn die sich von einem anderen besteigen lässt, mach ich sie kalt! Und den Kerl auch!“

Klaus-Dieter merkte, dass etwas in ihm hochkam. Er fing an, den Lebemann zu hassen. Eine Wut auf ihn, auf sich selbst und auf sein Leben kroch langsam seine

Gehirnwindungen entlang, bis sie deutlich vor seinen Augen stand. Und der Schnaps verwässerte zusätzlich seinen Blick.

„Zugreifen musste du, nicht lange fragen. Und komm mir nicht mit Moral, das ist was für Politikerreden. Er lachte die Tonleiter abwärts. Und für Schwächlinge, die keinen Mumm haben. Im Leben musst du zugreifen. Keiner schenkt dir was, nur weil du ein guter Mensch bist, schwör ich dir."

„Was ist mit dir?", dachte Klaus-Dieter. „Vielleicht sollte ich mit dir anfangen, dir den Schädel einschlagen und mit deiner Brieftasche ein neues Leben beginnen."

„Na komm, trinken wir noch einen!"

Manne hatte den Stimmungswechsel von Klaus-Dieter bemerkt und bestellte eine Runde Schnaps. Klaus-Dieter kippte den letzten Schluck hinunter und verließ schwankend das „Riemann-Eck" in der Solmsstraße.

Er kam nur ein paar Meter. Der Sternenhimmel drehte sich in doppelter Geschwindigkeit zur Erde. Ein Parkpoller diente ihm als Stütze. Auf der anderen Seite der Straße sah er die Rothaarige von vorhin, die sich über den Motorraum ihres Wagens beugte und darin herumfummelte.

„He, ist dit deiner?" Ein mit schwarzen Hosen, die früher mal grau waren, bekleideter Typ laberte Klaus-Dieter an. Seine langen Haare und sein Bart waren miteinander verfilzt. Klaus-Dieter sah zwei Bärtige und zwei alte Handkarren, die neben zwei Bäumen standen.

„Lass mich in Ruhe, Idiot."

„Schon juut Meista.", sagten die Bärtigen und zogen die Handwagen, die jetzt neue Besitzer hatten, mit sich weg.

Manne hatte zehn Minuten nach Klaus-Dieter das Lokal verlassen und sah seinen Saufkumpan, wie er sich gemeinsam mit der Rothaarigen an deren Auto zu schaffen machte.

„Kiek an, lernt ja verdammt schnell der Knabe“, dachte der Lebemann,wandte sich ab, entfernte sich in Schlangenlinien und blökte noch laut in die Nacht hinaus: „Weiber!“ –

7. Gabi und Isabel

Der Herzschlag stoppt den Verstand.
Das Blut fließt träge, wie die Zeit an der Wand.
Tick, tack, tick, tack.
Ich öffne meine Gedanken für das Undenkbare.
Spiele mit Bildern und stelle mir die Frage, warum?
Vielleicht, weil ich wieder lachen möchte?
Vielleicht, weil ich wieder weinen möchte?

Dass er nun doch gegangen war, traf sie wie ein Blitz aus heiterem Himmel.

Ihr Schädel explodierte. Glühende Gedanken flossen wie ein Lavastrom und verbrannten jede Zuneigung, jedes Verständnis und jede Liebe zu ihm zu Asche. Sie hatte sich oft genug an den Scherben geschnitten, die er zerschlagen hatte. Und sie war es, die sie aufsammelte und liebevoll klebte.

„21, 22, 23, 24 …“

Ihre Augen waren offen, das Herz schlug, das Gefühl: Eine ausgemachte, negative Feindseligkeit.

Sie öffnete das Fenster und schmiss die Scherben aus dem vierten Stock auf die Gneisenaustraße.

„Vorsicht, da unten!“

Das Buch, Socken, Unterhosen, Zahnbürste mit einer fast leer gequetschten Tube Paste, zwei CDs, die sich durch den Fall aus der Box gelöst hatten und langsam zu Boden taumelten, der Fernseher war ihr zu schwer, aber die Ratschläge, Vorwürfe und Mäkeleien warf sie in einem hohen Bogen ihrem Ex hinterher.

„Spart dir den Umzugswagen!"

Er konnte sie natürlich nicht mehr hören. Es war schon mehr als zwei Stunden her, seit er die Wohnung verlassen hatte.

Gabi hätte gerne geweint, doch hatte sie Angst, dass die Tränen die Glut löschen würden, und sie wollte, dass das Feuer weiter brannte, es sollte alle Erinnerungen vernichten. Außerdem wäre alles verschmiert, die Augen, der Mund und die Zeit. Sein Notizblock fiel ihr in die Hände.

„In den Worten fehlen Buchstaben. Den Sätzen fehlt die Notwendigkeit, ausgesprochen zu werden", las sie und nach einem schrillen Auflachen: „Nicht ich, du bist krank! Du bist krank, du bist krank!"

Sie wiederholte den Satz zweimal, da sie ein wenig abergläubisch war und die Drei Glück brachte. Dreimal auf Holz und so. Weil sie gerade so schön in Fahrt war, rechnete sie gleich gründlich mit ihrem Ex ab.

„Und wenn du dich auf den Kopf stellst. Das erste, was ich mache, ist die Bettwäsche wechseln. Da kannst du dir dann dein psychologisches Bild von anfertigen. Und dann möchte ich mal deine Fresse sehen, wenn ich das Zeug auch gleich noch in die Waschmaschine stecke. Dann kannste mir noch zusehen, wenn ich unten an der Ecke mir einen Döner reinziehe und Pommes, ja mit Majo, mit viel, viel Majo und Knoblauchsoße und eine Türkische Pizza."

Sie machte es nicht.

„Und meine Beine mache ich auch nicht mehr breit. Bestimmt nicht für dich."

Sie machte es nicht. Nicht für ihn.

„In diese Falle tappe ich nicht mehr rein. Wenn du anrufst und mir die Ohren voll sabbelst mit deinen auswendig gelernten Sprüchen! Idiot!“

Er rief nicht an. Sie war froh, auch wenn sie in der Asche noch einen kleinen Fetzen nicht verbrannter Erinnerung fand. Sie wusste auch, wenn sie diesen Fetzen neu beschriebe, könnte es ihr Todesurteil sein. Und sie wollte nicht wie die Scherben auf der Gneisenaustraße enden. –

Am nächsten Tag war Karneval der Kulturen in Berlin. Der Zug schlängelte sich auch durch die Gneisenaustraße. Sie stand am Fenster und sah zu. Dann dachte sie, es wäre besser, sich heute nicht zu amüsieren und verließ die Wohnung.

Draußen vor dem Haus trat sie in eine „Scherbe“ ihrer vergangenen Beziehung. Es war die halb ausgedrückte Tube Zahnpasta. Der Druck ihres Fußes, ließ den Schraubverschluss fliegen und der restliche Pfefferminzgeschmack spritzte sechsundfünfzig Zentimeter weit über den Gehweg.

„Schweinerei“, murmelte ein Opa. Ob er das vergeudete Zahnpflegemittel oder die nur spärlich bekleideten Teilnehmer des Kulturkarnevals meinte? Wer weiß. Die anderen Überreste einer Zweierbeziehung waren verschwunden. Es war noch brauchbares Zeug und fand schnell Abnehmer in Kreuzberg.

„Gib mir ein Bier.“

„Kein Kaffee?“

„Nein, ein Bier!“

„Aber so früh trinkst du …“

„Kann ich ein Bier haben?“

Trommelnde Finger auf dem Tresen unterstrich die Brisanz der Situation.

„Ja klar, Gabi!“, beruhigte das Ungeheuer den unruhigen Gast.

„Gabi!“, dachte sie. „Dieser Name passt doch gar nicht zu mir. Er passt zu einer Erzieherin oder noch besser zu einer Sekretärin. Scheiße, was bin ich denn? Fremdsprachensekretärin in einer drittklassigen Import-Export-Bude.“

Das bestellte Bier wurde getrunken.

„Was macht denn der hier?“, fragte sie den Mann hinterm Tresen in ihrer Stammkneipe, drei Straßen von den Rhythmen der Sambagruppen des Karnevalsumzug entfernt, deren Trommeln noch bis hierher dröhnten.

„Er trinkt was, jedenfalls hat er was bestellt“, lautete die erschöpfende Antwort des Gläser putzenden Ungeheuers.

„Ben Becker“, murmelte Gabi in den Bart, den der Schaum des Biers auf ihrer Oberlippe hinterließ.

„Hi, Ben!“

Ben Becker drehte sich um und sagte mit freundlicher Miene, die sich aber gleich in Ratlosigkeit wandelte: „Hi ähh?“ Das war's.

„Wenn mein Name nicht Gabi wär“, dachte sie, „hätte ich ein Gespräch mit ihm anfangen können. Aber soll ich ihm sagen, dass ich Gabi heiße, der lacht sich doch tot. Solche Typen kennen nur Frauen mit ausgefallenen Namen, wie seine Schwester.“

Das war vor fünf Jahren. Jetzt zahlte Isabelle mit ihrer Visa-Karte an der Rezeption des Steigenberger. „Mercie Madmoiselle“, dienerte der diensthabende Mensch, und sie bemerkte, als sie ihren Kopf neigte, um zu unterschreiben, wie er ganz leicht und vorsichtig versuchte, den Hauch ihres Parfüms in seine Nase zu saugen. Das gefiel ihr, das bedeutete etwas, das machte er wahrscheinlich nicht oft. Es hatte sich gelohnt. Jetzt wusste sie es.

„Besorgen Sie mir bitte einen Stadtplan, ja?“ sagte sie auf französisch. Natürlich brauchte sie keinen, die Stadt kannte sie. Sie hoffte, dass die Stadt sie nicht mehr kannte. Sie hatte sich verändert, und Berlin? Kaum, stellte sie auf der Fahrt mit dem Taxi fest. Hier und da einige neue Gebäude, der Leipziger und der Potsdamer Platz.

Der Termin, den sie für ihren Mann in Berlin-Mitte in einem der besseren Restaurants, die sich dort etabliert hatten, wahrnahm, war schnell erledigt. Dort sprach sie nur französisch, so wie in den letzten Jahren.

„Einen Rotwein und ein Glas Mineralwasser, bitte.“

Sie wollte nicht, nun saß sie doch an dem Tresen, an dem sie vor Jahren Alfred, das Ungeheuer, bedient hatte. Alfred war nicht da. Sie hatte sich, bevor sie die Kneipe betrat, vergewissert, dass niemand da war, der sie hätte erkennen können.

Sie war den ganzen Tag durch die Stadt gelaufen und gefahren. Das Taxi musste wegen des Karnevals der Kulturen einen Umweg fahren. Was wollte sie hier? Es war schon spät, zu spät?

„Sind Sie zu Besuch in Berlin?“ fragte Tina, die Bedienung, sie, als sie ihr den Wein und das Wasser hinstellte.

„Ja, für ein paar Tage. Nein, noch nie. Sehr schön. Aus Paris, ja, ist ein wenig größer. Deutsche Vorfahren.“

Isabelle achtete darauf, wenn sie Deutsch sprach, nicht den Akzent zu vergessen. Die Bedienung füllte dem Mann, der außer Isabelle der einzige Gast im Lokal war, ein Bier ab.

„Sie kommen aus Frankreich?“

Isabelle drehte sich um. Unrasiert, Fingernägel mit schwarzen Rändern, als hätte er sie lackiert, lange, zottelige Haare, sprach der andere Gast sie über vier Barhocker hinweg an.

„Sie kommen aus Frankreich?“, wiederholte Georg seine Frage.

„Ja“, erwiderte Isabelle kurz.

„Sie müssen nicht so abweisend sein, es ist ganz leicht. Wir können uns einfach nur unterhalten“.

„Warum?“

„Nun, die Geschichte der Bedienung kenne ich schon, und sie liest lieber in ihrem Buch, als sich zu unterhalten. Ein Buch haben Sie nicht.“

„Sind sie Schriftsteller oder so was? Dass Sie die Geschichte anderer Leute interessiert. Wie Sie aussehen, sind Sie Bergarbeiter oder Kohlenträger.“

„Stimmt! Gut beobachtet.“

Er lachte und seine Zähne waren schneeweiß. Er gefiel Isabelle, aber sie sah keinen Grund, ihn das merken zu lassen.

„Stört es Sie, sich mit einem Kohlenträger zu unterhalten?“

„Nein, aber vielleicht habe ich gar keine Lust, mich zu unterhalten!?“

„Sagen Sie mir ihren Namen?“

Isabelle überlegte einen Moment, ob sie ihren richtigen Namen nennen sollte. Sie musste an Ben Becker denken, der damals neben ihr gestanden hatte, als sie sie keinen schönen Namen gehabt hatte. Jetzt quatschte sie ein Kohlenträger an und sie hatte einen schönen Namen.

„Isabelle.“

„Isabelle! Das ist ein schöner Name. Ich heiße Georg.“

Sie vermied es, ihm die Hand zu geben, obwohl sie sauber war, aber die Fingernägel stießen sie ab.

„Ich möchte Ihnen sagen, dass ich auf kein Abenteuer aus bin.“

„Ich auch nicht, Isabelle.“

„Ich bin verheiratet, in Paris. Mein Mann ist Generaldirektor einer großen Firma, die …“

Sie stockte, als sie merkte, dass sie wieder begann, hinter der Fassade eines anderen Lebens Deckung zu suchen.

„Die was? Die was herstellt? Ihr Mann, Generaldirektor?“

Es kam ihr vor, als seien Minuten vergangen, in denen die letzten Jahre vor ihrem inneren Auge vorbeizogen.

„Entschuldigen Sie, aber ich hatte einen langen Tag, ich bin müde.“

„Ich verstehe“, sagte Georg, er wollte nicht aufdringlich sein und schickte sich an, die Distanz der vier Barhocker zu vergrößern.

„Nein, wirklich, verstehen Sie mich nicht falsch, ich finde es nett, mit Ihnen zu plaudern.“

Sie hatte vergessen mit ihrem Akzent zu sprechen, er schien es nicht bemerkt zu haben.

„Ich habe vorhin bei Reinhards mit Geschäftspartnern meines Mannes ein Verhandlungsgespräch geführt. Das strengt an.“

„Das kenne ich. – Nein, nicht Verhandlungen führen, ich meine das Restaurant.“

„Sehr nett.“

„Ich bin nicht oft dort. Läden wie hier sind mir lieber. Ist eine Frage der Finanzen“, bemerkte Georg und rieb imaginäres Geld zwischen Daumen und Zeigefinger.

„Ja, es ist nicht billig, gut Essen kann man auch hier.“

„Was haben Sie hier gegessen?“

Die Falle war zugeschnappt! Die Bedienung stellte keine Gefahr da, sie las in ihrem Buch, aber der Kohlenträger mit den weißen Zähnen und den schwarzen Fingernägeln sah sie an, als ob er sie durchschaute. Was ging er sie an? Wo lag das Problem?

„Sagten Sie nicht, Sie wären noch nie hier gewesen?“

„Warum musste er jetzt scharfsinnig sein?“, dachte Gabi. „Wenn ich jetzt aufstehe und einfach gehe ist alles in Ordnung.“

Sie blieb sitzen und suchte nach einem Bild aus der Vergangenheit, das zu ihrem Gegenüber passte. Es gab keines. Konnte er ein Feind sein? War es ein Fehler, nach Berlin gekommen zu sein?

Der Täter kehrt an den Ort des Verbrechens zurück. Blödsinn, es war ein Unfall. Man soll sich eben nicht, wenn man betrunken ist, aus dem Fenster im vierten Stock eines Hauses in der Gneisenaustraße lehnen und nach Scherben suchen. Und Alfred konnte der Polizei damals bestätigen, dass es keinen Streit gab.

„Alfred, das Ungeheuer. Er ist immer noch hier?“

Georg nickte. Sie trank in einem Zug den Rest des Rotweins aus. Dann erzählte sie Georg die Geschichte mit den Scherben und von Gabi und ihrem Ex, der aus dem Fenster gefallen war.

„Es war nicht leicht, ein neues Leben zu beginnen.“

Sie sah Georg fest in die Augen. Sie wusste nicht genau, ob er eine Katze war oder ein Beichtvater mit schwarzen Fingernägeln. Vorsichtshalber schlüpfte sie in die Rolle der Maus, suchte nach einem Schlupfloch und legte eine Beichte ab.

„Am Bahnhof Zoo gibt es Menschen, die machen schöne neue Vornamen auf alte Geburtsurkunden. Und später in Monbardon, in Frankreich, gab es einen Menschen, der setzte dem schönen Vornamen, ganz legal, noch einen schönen Nachnamen hinten dran. Und so wirst du ein neuer Mensch und kommst in die Rue Pasteur, in Paris. Und wirst Frau eines Generaldirektors."

Tina, die Bedienung, stellte ein neues Glas Rotwein und ein frisches Bier in die Pause hinein und verzog sich an das Ende des Tresens zu ihrem Buch.

„Aber stellen Sie sich den Weg zwischen Bahnhof Zoo und der Rue Pasteur nicht so einfach vor."

Georg reagierte auf ihre Enthüllungen erstaunlich gelassen.

„Als ich fortging aus Berlin, wollte ich nur weg, ein neues Leben beginnen. Später wollte ich auch ein gutes Leben. Geld und Wohlstand."

„Später?"

„Nachdem mein erster Mann gestorben war."

„Der, der Ihnen den schönen Nachnamen gegeben hat. In …"

„… in Monbardon, in der Nähe von Toulouse", ergänzte Isabelle.

„Er war Orgelbauer und hat Orgeln repariert, in Kirchen, in der Gegend von Monbardon. Ein Seil ist gerissen und eine Batterie von Orgelpfeifen ist auf ihn gefallen. Sie glauben gar nicht, was da für eine Kraft dahintersteckt. Er war sofort tot. Es war ein großer Schock für mich, wir waren gerade mal ein halbes Jahr verheiratet. Ist schon merkwürdig, wie der Tod mich begleitet."

Isabelle hob ihr Weinglas und hielt es gedankenverloren gegen das Licht der Glühbirne über dem Tresen. Georg knüpfte an die Geschichte an.

„Der Orgelbauer konnte Ihnen keinen Wohlstand bieten?"

„Nein"

„Nur einen schönen Namen!"

„Nicht nur, ich habe ihn geliebt."

„Wie den in der Gneisenaustraße?"

„Anders."

Tina gähnte, das Buch war nicht so spannend wie die Vorstellung, früher ins Bett zu kommen als gewöhnlich. „Wollta noch wat trink'n?" plärrte sie provokant und in absolut sicherem Berlinerisch quer über die Theke. Georg zahlte und sie verließen das Lokal.

„Ich nehme mir ein Taxi zum Hotel."

Isabelle sah sich um. Kreuzberg schlief. Die Taxifahrer schliefen.

„An der Gneisenaustraße gibt es bestimmt Taxis."

Gabi zuckte leicht zusammen. Georg fragte, ob ihr kühl sei. Ein leichter Wind war aufgekommen und ließ die Bäume in der Solmsstraße rauschen.

„Nein, es ist angenehm, der Tag war ziemlich heiß, eine kleine Abkühlung tut gut."

Sie liefen durch das nächtliche Kreuzberg. In der Bergmannstraße hielt sich noch Leben. Einige Karnevalteilnehmer hatten noch nicht ganz ausgetanzt.

„Hier ist es ein wenig wie in Paris, in Montparnase. Dort gibt es auch viele junge Leute nachts auf den Straßen und vor den Bars und den Cafés.

Als ich das erste Mal nach Paris kam, von Monbardon, fühlte ich, dass dies die Stadt ist, in der ich leben wollte, leben musste. Ich hatte kaum Geld und wusste nicht, was ich machen sollte. Schließlich fand ich einen Job und ein Zimmer. Ich habe in der Galerie Garoche saubergemacht und alles, was so anfiel. Das Zimmer, wo ich wohnte, lag in einer riesigen Wohnung in der Rue La Fayette, eine Art Wohngemeinschaft, ziemlich eigenartige Typen, aber billig. Dann kam ich zu Wohlstand und Geld. In der Galerie gingen viele Leute ein und aus, die beides besaßen."

„Der Generaldirektor!"

„Ja, er ist fünfundzwanzig Jahre älter als ich. Er liebt mich abgöttisch."

„Das kann ich verstehen. Und Sie?"

„Die Liebe ist nicht das Problem. Das Problem ist, dass ich nicht lachen kann und auch nicht weinen! Ich meine, richtig lachen, von ganzem Herzen und weinen aus tiefster Seele. Seit damals, in der Gneisenaustraße. Es war plötzlich verschwunden. Die Gefühle sind da, aber ich kann nur darüber reden."

„Das ist mehr, als manch anderer kann."

„Ja, aber stellen Sie sich ein Grab vor. Sie blicken hinein und können nicht zeigen, was Sie empfinden und, was schlimmer ist, es staut sich an, in der Seele. Das Ventil lässt sich nicht öffnen. Es klemmt."

„Sind sie deshalb nach Berlin gekommen, um es zu öffnen?"

„Vielleicht."

„Sie brauchen einen Klempner."

„Einen Seelenklempner, meinen Sie?"

„Ich meine einen Menschen, der das Ventil löst."

Ein Taxi, winkend, einsteigend, durch das offene Fenster heraus lehnend, sagte Gabi: „Ich danke Ihnen."

„Keine Ursache, kommen Sie gut zurück nach Paris."

Gabi nannte die Adresse dem Fahrer. Ein Mann mit einem klapprigen Handkarren fragte nach Kleingeld. Georg steckte seine Hand mit schwarzen Fingernägeln in seine Hosentasche und suchte Geld.

„Wie ist ihr Name?"

„Gabi."

„Ein schöner Name."

Das Taxi verschwand in Richtung Gneisenaustraße. Georg gab dem Mann ein wenig Kleingeld und sah dem Wagen nach, dann ging er zurück in die Solmsstraße.

Vor dem Haus Nummer 32 stand ein roter Passat. Der Mann hinter dem Steuer rauchte eine Zigarette und starrte vor sich hin. Die Frau auf dem Beifahrersitz lehnte mit dem Kopf an der Scheibe und starrte ebenfalls ins Leere.

„Scheinen Stress zu haben“, dachte Georg.

8. Moderne Zeiten, oder eine E-Mail zum Abschied

An der Uferböschung des Landwehrkanals, unterhalb der Prinzenstraße am Urbanhafen, auf dem spärlichen Rasen unter den Trauerweiden lag eine gemischte Gesellschaft, quatschte, schlief, las in Büchern, trank aus Bier- und Mineralwasserflaschen Erfrischendes.

Es war heiß, sehr heiß für einen Frühlingstag.

Rentner, türkische Familien, junge und alte Studenten, Alkoholiker sowie ein paar Kreuzberger Autonome mit Sonnenbrand suchten und fanden Ruhe und Erholung. Orientalische Musik drang durch den Böcklerpark herüber. Die Luft summte und flirrte von Kleingetier.

Der kleine Mann auf dem kleinen Trecker fuhr seine Bahnen. Von rechts nach links, von oben nach unten und von links nach rechts und von unten nach oben. Er mähte den saftigen Rasen, der sofort nachwuchs und kleine bunte Blumen, schnell wie Blitze, aus der grünen Wiese sprießen ließ.

Winfried fühlte sich wie der kleine Mann auf dem kleinen Trecker, der endlos seine Runden auf dem Bildschirm seines Computers drehte. Ohne Anfang und ohne Ende. Der Bildschirmschonertrecker fuhr schon zwanzig Minuten ohne Unterbrechung und verbarg den Inhalt der E-Mail hinter der grünen Wiese vor den Augen des Betrachters.

Nun war es vorbei. Endgültig. Schwarz auf weiß war die Freundschaft aufgekündigt. Früher, dachte Winfried, hätte man wenigstens mit der Hand einen Brief geschrieben und mit der Post geschickt. Internet. Moderne Zeiten. Der Laptop wurde abgeschaltet und verschwand im Rucksack.

Eine Decke, Henry Millers gesammelte Erzählungen, Brille, Eistee und Sonnenöl wurden stattdessen aus dem Rucksack gezaubert und auf der Stoppelwiese verteilt. Die „Charlottenburg“ fuhr vorüber und ein paar Kinder und andere Reisende winkten, als würden sie einer sehr großen und weiten Fahrt entgegensehen.

„Du rufst, du schreist, du brüllst hinein in den anderen Kopf, in das andere Gehirn, in die andere Seele, doch das Echo spiegelt nicht deine Ängste wieder, deine Hoffnungen, deine Träume, deine Liebe.“

Winfried strich sich geistesabwesend das Sonnenöl auf seine Haut.

Ein letzter verzweifelter Versuch, Gedanken und Gefühle bei ihrem Lieblingsmexikaner auszutauschen, hatte die Sprachlosigkeit unterschiedlicher Welten zum Vorschein gebracht. Worte und Sätze wurden verstanden, nur der Inhalt war nicht der gleiche. Die Beurteilung lag jeweils auf der anderen Seite des Universums. Und das war, aus Winfrieds Sicht, die Agentur ARTFACE und ganz besonders die Chefin Elfi.

Winfrieds Freund Kai war gewissermaßen das Ziehkind der Chefin. Vom Standpunkt der Steuer war Kai angestellter Graphiker bei ARTFACE.

„Sie will nicht akzeptieren, dass du schwul bist und dass wir uns lieben“, sagte er seinem Freund am Abend zuvor und: „Sie ist doch nur eifersüchtig.“

„Du bist eifersüchtig, und mit deiner verdammten Rechthaberei gehst du mir auf die Nerven. Ganz gewaltig auf die Nerven.“

Damit war das Gespräch beendet, und Winfried wurde allein gelassen mit seinen halb gegessenen Tortillas und einem warmgewordenen Margarita-Cocktail.

Ein junges Mädchen, Fruchteis schleckend, barfuß und mit Hosen, die eher einem Zweizentnersack passen würden, schlenderte an Winfrieds Gedanken vorbei.

Es bleibt nichts, als zu akzeptieren, dachte er. Die Frage stellte sich nur, würde es da draußen, außerhalb seiner, eine Welt geben, in der er sich zurechtfinden würde. In der irgendjemand seine Sprache sprechen und verstehen konnte. Die Reise, lang und in eine Ungewissheit, musste angetreten werden. Daran gab es keinen Zweifel.

Auf der anderen Seite des Landwehrkanals lagen die Menschen auf der Sonnenseite. Sie zogen das Braten dem Dünsten im Schatten der Trauerweiden vor.

Wahrscheinlich war es gut so, dass Freundschaften auseinandergingen, bevor sie dahinplätscherten, bis der Fluss der Gemeinsamkeiten endgültig versiegte und auf dem Grund nur noch Steine lagen, über die zu gehen nichts weiter als Mühsal brachte und man dann resigniert auf der Stelle trat. Komischerweise war Winfried nicht traurig, eher beleidigt. Er konnte nicht verstehen, dass sein Freund, der zehn Jahre jünger war, seine Argumente und seine Weitsicht nicht als das hinnahm was sie waren – nämlich Erfahrung.

Er hatte nie die Absicht, Kai zu sagen, was er tun oder lassen sollte, oder zu belehren, oder großartige philosophische Statements abzugeben. Es ging nur um Fragen. Es ging nur um eine Frage: Liebe oder nicht Liebe, Punkt. Was konnte er dafür, dass er mehr nachdachte und sich Gedanken machte, die sich andere nicht machten.

Na gut, dass Elfi mit ihrer blöden Werbeagentur solch einen Einfluss auf Kai hatte, störte ihn schon ein wenig. Und wenn sie nächtelang im Büro unter dem Dach über irgendwelche Marketingstrategien brüteten, war Winfried schon der ein oder andere Zweifel an Kais Schwul- und Treueverständnis gekommen.

Zwei Schwäne, vier Enten und etwas Schwarzes mit gelbem Schnabel dümpelten auf dem trüben Wasser des Landwehrkanals.

Winfried wurde müde. Nach dem Gespräch mit Kai hatte er kein Auge zugemacht. Sein Freund hatte bestimmt wunderbar geschlafen. Solche Dinge prallten an ihm ab wie Wasser von dem Gefieder der Vögel, die sich in Richtung Ufer bewegten, um die Brotspenden aus der Plastiktüte eines alten und eines jungen Mannes in Empfang zu nehmen. Der Alte hatte einen Anzug an, in dem sich in den abgewetzten glänzenden Stellen die untergehende Sonne spiegelte. Er begann die Vögel mit Brot aus seiner Tüte zu füttern und sprach dabei vermutlich mit seinem Enkel.

Winfried hatte sich den Rucksack als Kopfstütze unter sein Genick gepackt und beobachtete die Szene.

Dieses lästige Bedürfnis, Situationen und Erlebtes zu analysieren und die meist dabei herauskommende Selbstquälerei, brachten Winfried oft an den Rand des Wahnsinns. Vielleicht ging er den Leuten damit wirklich auf den Nerv. Bestimmt sogar.

Er musste ruhiger und gelassener werden. Aber was konnte er schon dagegen machen, wenn das verdammte Gehirn nicht abschaltete und ihn zwang, zu allem und jedem einen Kommentar abzugeben.

Als Winfried erwachte, war es still um ihn herum. Das Getier und die Menschen waren längst schlafen gegangen oder drüben bei der orientalischen Tanzveranstaltung, deren Lärm Tote aufgeweckt hätte, nur ihn nicht.

Es war halb eins. Wie konnte er nur so lange schlafen? Und hier? Instinktiv fasste er nach seinem Rucksack, mit dem Laptop und dem Treckerfahrer. Alles da.

Winfried spazierte noch ein Stück am Wasser entlang.

Auf Höhe der Synagoge, am Fraenkelufer, sah er einen Mann, der aus seinem roten Passat stieg, sich über die Brüstung des Landwehrkanals lehnte und in denselben erbrach. Er kotzte erbärmlich und Winfried war froh, nicht sein Freund zu sein und ihm beistehen zu müssen. Es ekelte ihn an, wenn sich Menschen nicht unter Kontrolle hatten.

Die zwei Wachmänner, die die Synagoge auf der anderen Seite bewachten, taten auch nichts, um dem Mann zu helfen. Warum auch, es ging sie nichts an.

„Wenn man Nichts verträgt, sollte man das Saufen lassen!“, rief einer der Wachmänner über die Straße und der andere stimmte in das Lachen mit ein. Sie setzten ihren Weg fort.

Die Frau mit den roten Haaren auf dem Beifahrersitz schlief. Winfried dachte, „die hat das Karussell hinter sich.“

Auf dem Kottbusser Damm traf er einen Bekannten, der ihn überreden wollte, etwas zu trinken. Er lehnte ab und ging nach Hause. Am Kottbusser Tor stritten zwei um eine Schnapsflasche. In der Adalbertstraße schoben Feuerwehrmänner einen alten Mann auf einer Trage in den Krankenwagen.

9. Doppelstreife

„Wieviel Schritte kannste machen ohne uff 'ne Ritze zu treten?"

„Weeß ick nich, is mir ooch ejal!"

... Sechs, sieben, acht.

„Fehler!"

...Vier, fünf.

„Mist, 'n Gulli."

...Sieben, acht, neun, zehn.

„Rekord!"

„Mhhh."

„Wir müssen uns ja nich unterhalten", sagte der Ritzenspringer.

„Tolle Unterhaltung", erwiderte der Nichtritzenspringer.

„Schlag wat besseret vor. 'n Thema mein ick."

„Weeß nich, hab ooch ja keene Lust zum Quatschen."

„Na juut, schweigen wa ebend, is ooch mal janz schön, kommt man uff neue Jedanken. Ehh, kick mal den da, pinkelt am hellichten Tag, in aller Öffentlichkeit."

Der Ritzenspringer zeigte mit dem Finger über die Straße, auf einen Mann, der seine Notdurft an einem Baum befriedigte.

„Jeht uns nischt an", zuckte der andere die Schulter.

„Ick mein ja bloß, so 'ne Sauerei, am hellichten Tag."

„Is' doch warm, kriegt der Baum ooch mal Wasser."
„Mensch dit ätzt doch!"
„Ja ja, ick weeß."

Doppelstreife nennt man das, wenn man versucht, nicht auf die Ritzen zwischen den Gehwegplatten zu treten und daraus einen Wettbewerb macht. Vorausgesetzt, beide Wachmänner finden es gleich interessant.

Am Fraenkelufer, vor der Jüdischen Synagoge, gab es sonst keine nennenswerte Beschäftigung für die beiden Männer, die in besagter Doppelstreife vor der Anlage patrouillierten. Einhundertachtundfünfzig Schritte hin und einhundertachtundfünfzig Schritte zurück. Der Senat befürchtete Anschläge und der sonst allein diensttuende Wachmann war durch einen Kollegen verstärkt worden. Der Ritzenspringer hieß Kolbe, sein Kollege Schneider.

„Wenn wa noch'n dritten Mann hätten, könnt'n wa Skat spiel'n" ,nahm Kolbe das Gespräch wieder auf.

„Im Loofen wa?"

„Wat'n los, haste Ärger oder wat?"

„Nee."

„Komm, so kenn ick dir ja nich! Hast'n für'n Stress?"

Schneider druckste rum. Dann blieb er stehen und sah auf das andere Ufer des Landwehrkanals.

„Ick nich, mein Sohn."

„Wat hatt'n Junior anjestellt?"

„Ein Auto gestohlen."

„'n Auto jeklaut? Ach du heilige Scheiße, hätt' ick beinah jesagt. Dit is'n Ding. Wie alt is'n dein Sprössling?"

„Sechzehn"

„Zartes Alter für een, der mit ’ner Benzinkutsche durch de Stadt rollt. Is wat passiert?“

„Nee, Jottseidank nich, haben bloß den Tank leer gefahren. Und als se den Wagen gerade abgestellt hatten, kam die Polizei.“

„Dit is Künstlerpech.“

Die beiden Männer setzten ihren gemächlichen Schritt fort.

„Mensch, ick sag dir, den hätt ick verdreschen können, nach Strich und Faden, diesen Blödmann!“

„Naja, Blöd is er ja, aber noch keen Mann“, stellte Kolbe richtig.

Schneider konnte sich nicht beruhigen.

„Hat immer alles gekriegt, was er wollte. In der Schule is’ er ooch keene Leuchte. Aber meine Frau ist zu lasch, lässt ihm alles durchgehen.“

„War’s dit erste Mal?“

„Er sagt, ja, aber man macht sich ja seine Gedanken.“

„Woher kann er überhaupt Auto fahren?“

„Er sagt, er wäre nicht jefahren, nur mit.“

„Wer ist jefahren?“

„Ein Freund von ihm, ’n Türkenjunge, sein Vater hat einen Gemüseladen, bei uns um die Ecke. Wir haben uns auf der Polizeiwache getroffen. Sehr peinlich. Meine Frau ist Kunde bei Demirci.“

„Ihm war dit sicher ooch peinlich.“

„Kann’ste von ausjehen.“

Die beiden Männer machten an der Ecke kehrt und liefen die Strecke zurück. Einhundertachtundfünzig Schritte. Kolbe hatte es aufgegeben, nicht auf die Ritzen zu treten.

„Demirci meinte, dass es für ihn und seine Familie eine große Schande sei, dass sein Sohn so’n Scheiß baut. Die Türken haben es ja mit der Ehre noch mehr als unser einer.“

„Mensch, sag ma, die pennt ja immer noch“, unterbrach Kolbe das Gespräch und zeigte mit einer Kopfbewegung auf die andere Straßenseite zu einem Auto hinüber.

„Wenn meinste denn?“

„Na die, in dem roten Passat. Am hellichten Tach. Der eene pinkelt unjeniert an’n Baum und die schläft, als ob dit ihr zu Hause wär! Ratzt wohl ’nen Rausch aus, schon vier Stunden!“

„Wat dir allet uffällt, aber dit jeet uns nischt an.“

Die beiden Wachmänner blieben stehen und sahen auf die andere Seite. Die Frau saß auf dem Beifahrersitz, lehnte mit dem Kopf an der Seitenscheibe und hatte die Augen geschlossen.

„Jetzt ist dit bald sieben.“

„Na und?“

„Vielleicht sollte sie mal eener wecken!?“

„Mensch lasse doch schlafen, is ja nich verboten.“

„Kann ja sein, die hat wat vor und tut nur so, als wenn se schläft.“

„Wat meinste?“

„Na irgend ne Schweinerei?“

Schneider schüttelte den Kopf.

„Du hörst wieder einmal die Flöhe husten.“

„Naja, dafür sind wa nu ma hier.“

Sie gingen über das Kopfsteinpflaster über die Straße. Kolbe ging an den Wagen und klopfte an die Seitenscheibe.

„Hallo Fräulein, Zeit zum uffwachen!“

Keine Reaktion.

„He, Fräulein, sie verpassen ja dit beste vom Leben“, rief Kolbe lauter.

Keine Reaktion. Der Wachmann klopfte energischer an die Scheibe.

„Wat issn los mit ihnen, jeeht dit ihnen nich jut?“

Nach mehrmaligen Versuchen drehte sich Kolbe zu seinem Kollegen um.

„Du ick gloob, die hat'n Problem."

„Wat für'n Problem?"

„Ick gloob, die wacht nich mehr uff."

„Wie?"

„Ick gloob, die is dot!"

„Wat, mach keen Quatsch, vielleicht haste nich laut jenuch jekloppt."

Sie probierten es beide mit Klopfen und Rufen. Die Frau blieb stumm. Über Funk holten sie eine Polizeistreife und die Feuerwehr. Die brachen das Auto auf und stellten fest, dass die Frau tatsächlich tot war. Von einem Kripobeamten erfuhren sie, dass die Frau wahrscheinlich Opfer eines Verbrechens war.

Sie hatten noch eine halbe Stunde Dienst vor sich. Das hieß, die Straße noch einhundertachtundfünfzig Schritte hin und wieder zurück. Nach Ritzenspringen war Kolbe jetzt nicht mehr zumute.

10. Umzugsopfer

„Ich habe sie gesehen, einmal hat sie hinter der Gardine vorgelugt."

„Wie lange hat sie da gelebt?

„Über zwei Jahre. Sind noch vor dem Umzug der Regierung eingezogen."

„Und sie ist nie rausgekommen?"

„Nie!"

Frau Meier zeigte sich sichtlich betroffen.

„War sie krank?“

„So weit ich weiß, nicht“, gab Frau Müller weiter Auskunft.

„Und ihr Mann?“

„Nett, ganz normaler Typ, bisschen schweigsam, ist im Außenministerium beschäftigt.“

Die beiden Frauen, die über den Blick hinter der Gardine sprachen, standen und prüften die Tomaten beim „Jemüsefritzen“, wie man in Berlin sagt. Nur das Fritz Demirci hieß und einen Lebensmittelladen in der Oranien-, Ecke Adalbertstraße betrieb. Frau Meier machte Frau Müller auf die frischen Paprika aufmerksam und das es an der Zeit wäre, mal wieder Paprikaschoten zu machen. Dann wanderte die Aufmerksamkeit zurück zu den Tomaten und zu der Frau hinter der Gardine.

„Und was hat sie den ganzen Tag gemacht?“

Frau Müller zuckte mit den Schultern.

„Keine Ahnung. Die Hauswartfrau hat mir erzählt, dass Frau Gerdmann ihr erzählte, dass ihr Mann ihr erzählt hat, dass sie Bilder ansah und Videos.“

„Bilder und Videos?“

„Ja, von ihrer Familie und von ihrem Haus in Bonn.“

Die Tomaten waren ausgesucht und eingepackt. Dann ging es an die grünen Bohnen. Frau Müller beteiligte sich nicht am Aussortieren der Stängel, da ihr Mann Blähungen davon bekam. Sie sah Frau Meier auf die Finger und fuhr fort.

„Hat sie nicht verkraftet, die arme Frau, den Umzug nach Berlin. Trotz der großen Wohnung und dem schönen Balkon. In Bonn hatten sie ein Haus mit Garten, hat mir die Hauswartfrau erzählt.“

„Vielleicht hätten sie nach Zehlendorf ziehen sollen und nicht nach Kreuzberg.“

„So dicke haben sie's wohl auch nicht, er ist nur ein kleiner Beamter. Und Kreuzberg ist ja nun auch nicht so, dass man nicht auf die Straße gehen kann. Apropos Verbrechen, haben Sie von dem Mord gehört? Die junge Frau, die sie am Fraenkelufer gefunden haben? Erwürgt, in ihrem eigenen Auto. Stand heute Morgen in der Zeitung, mit Bild."

„Nee, was Sie nicht sagen. Ich bin nicht zum Lesen gekommen, ist ja schlimm. Weiß man, wer es war?"

„Noch keine Spur, schreiben sie. Und sein Sohn …", Frau Müller hielt die Hand vor den Mund, rollte mit ihren Augen in Richtung Gemüseladenbesitzer Demirci und flüsterte in das Ohr ihrer Gesprächspartnerin. „… der klaut Autos. Sie haben ihn erwischt. Die Polizei. Hat mir die Bäckersfrau erzählt."

„Ach was!"

Frau Meier schüttelte ungläubig den Kopf.

„Ja, hat sie erzählt."

„Hätte ich ja nicht gedacht. So ein anständiger Mann."

Nachdem ein halbes Kilo Kartoffeln den Weg in den Einkaufskorb der bestens informierten Frau Müller gefunden hatte, begann sie, sich an einem großen Busch Petersilie die besten Stängel herauszusuchen. Frau Meier befreite ihre mitfühlenden Gedanken vom anständigen Herrn Demirci und stellte sich die Frau hinter der Gardine in ihrer Wohnung vor.

„Und die saß nun den ganzen Tag in der Wohnung?"

„Wer?"

„Na die, mit dem Beamten, aus Bonn."

„Ach ja, sie hatte wohl einen Knacks weg, weil sie ihr Haus verkauft haben und ihre Bekannten und Freunde in Bonn geblieben sind."

Eine Wassermelone wurde in Hände genommen und durch leichtes Drücken die Reife der Frucht festgestellt.

„So eine Melone, schön kalt, es gibt nichts, was erfrischender ist. Wollen Sie nicht auch eine mitnehmen?“

„Ist mir zu süß.“ Frau Meier lehnte das Angebot ab und gab die Information, die sie aus einer ihrer Frauenzeitschriften hatte, an Frau Müller weiter: „Am Schluss hatte sie Schluss gemacht.“

„Ne, sagen Se bloß?“

„Ja, da oben am Fensterkreuz.“

„Da am Fensterkreuz? So ganz offen?“

„Nee, nach hinten raus, am Küchenfenster, zum Hof.“

„Wie rücksichtsvoll.“

„Ihr Mann hat sie gefunden.“

„Sagen Se bloß?“

„Ja, schrecklich. Aber wenn man krank ist, im Kopf.“

„Tja, machen sie wat gegen das Jemüt. Wenn es nich’ will, dann will es nich’.“

„Ich weiß, als mein Mann gestorben ist, hatte ich eine schlimme Zeit. Der arme Mann, hat’s bestimmt nicht leicht“.

„Nee, bestimmt nicht.“

„Wie alt isser eigentlich?“ Frau Meier strich mit der Hand über eine grüne Gurke.

„Na, schätze mal unser Alter, vielleicht bisken älter.“

„Aha!“

Die grünen Bohnen, die Tomaten, Äpfel, das halbe Kilo Kartoffeln, die Melone und die Gurke wanderten im Korb in den Laden auf die Waage. Der Gemüseladenbesitzer Demirci wog ab, packte in grüne Papiertüten ein, bedankte sich und wünschte einen schönen Tag. Die beiden Frauen erwiderten die Wünsche und verließen den Laden.

Die Witwe Meier sagte noch, sie müsse mal wieder zum Friseur und beschloss, sich gleich anzumelden.

11. Valentins Verwandlung

Es klopfte an der Zimmertür: poch, poch. poch.

Valentin hatte oft an diese Situation gedacht und gehofft, sie würde nie Wirklichkeit. Jetzt stand sie vor seiner Tür.

Valentin erhob sich vom Lokus und trippelte, die Hose und Unterhose mit den Waden straffend, als trage er Beinfesseln, zur Zimmertür.

„Ja?“

„Zimmerreinigung, Guten Morgen“, drang dumpf durch die Tür. Er öffnete die Tür und benutzte sie als Deckung für seine nicht ganz korrekte Bekleidung und steckte den Kopf durch den Spalt. Tina, die Reinigungskraft, schien ohne Worte zu verstehen und sagte, sie komme später wieder.

Valentin war die Vorstellung, eine Putzfrau, deren Klopfen er überhörte, käme mit dem Generalschlüssel in sein Zimmer und würde ihn auf der Toilette beim Schei…, unerträglich. Schon immer hatte er diese Paranoia in Hotelzimmern.

Aber er hatte die Situation gemeistert, wie viele andere in seinem Leben. Abitur, Studium, seine Ehe, seine Scheidung, die Ablehnung seiner ersten Bücher, Preisverleihungen und die Partys danach. Auch den Tag, als der Arzt ihm sagte, er habe Krebs. Und den Krebs selbst hatte er auch überlebt.

In diesem Jahr kam er das erste Mal in das Hotel. Alle, seine damalige Freundin, seine Fans und sein Verleger, hatten keine Ahnung, wo er steckte. Zwei

Wochen war er verschwunden. Man vermutete, er sei in der Karibik oder in Key West, auf den Spuren des großen Kollegen, unterwegs.

Dabei hatte er überhaupt nichts mit Hemingway gemeinsam, im Gegenteil. Er trug keinen Bart, hatte keine Frauengeschichten, noch soff er wie ein Loch. Was er schrieb, hatte mit Hemingway ungefähr so viel zu tun wie stabile Arbeiterschuhe mit ein Paar roter Pumps, außer dass beide dazu dienten, Füße zu bekleiden.

Nach seiner Krankheit hatte er sich vorgenommen, einen Roman zu schreiben, der die Leute wirklich interessierte, sie vor den Kopf stieß, sie aufrüttelte. Er wollte die roten Pumps endlich loswerden. Aber nach dem ersten Entwurf und den entgleisten Gesichtszügen seines Verlegers, der sofort mit einem Taschenrechner und der Lizenzabrechnung eines anderen anspruchsvollen Schriftstellers vor seiner Nase herumfuchtelte, gab er es auf.

Genauer gesagt, war das der Moment, in dem er entschied, für zwei Wochen im Jahr den roten Pumps zu entfliehen und an seinen Arbeiterschuhen zu schreiben.

Niemand, nicht sein mit Taschenrechner bewaffneter Verleger, noch seine Verehrer, besser Verehrerinnen, ahnten, dass er in Berlin-Kreuzberg untergeschlüpft war.

Jetzt trug er einen Stoppelbart, trank, obwohl er es nicht vertrug, und verließ das Zimmer nicht. Ab und zu schob er die zugezogenen Gardinen ein wenig zur Seite und sah auf dem Wochenmarkt gegenüber den Menschen beim Kauf und Verkauf zu und auf dem Landwehrkanal den vorüberfahrenden Ausflüglern auf den Schiffen.

„Ihr habt doch keine Ahnung, absolut keine Ahnung."

Valentin stellte sich vor das kleine Waschbecken in seinem Zimmer und setzte die Beschimpfung gegen sein eigenes Spiegelbild fort.

„Leck mich am Arsch. Leeck mich aam Aaaaarsch."

Dieses „Leck mich am Arsch" in einem seiner erfolgreichen Romane hätte zu einer extremen Krise seiner Leserschaft geführt. Hier in der abgeschiedenen Welt war es einfach auszusprechen und zu schreiben. Hier klang es wunderbar. In seinem Roman benutzte er diese Art Sätze wie eine Waffe. Und er benutzte sie ausgiebig. Nicht wie in seinen erfolgreichen Büchern, kurz und einfach und schnell, wie in Fernsehspots.

Es waren Bilder wie in französischen Filmen. Die Bilder hatten Zeit, sie hatten die Möglichkeit zu wachsen, sich zu entfalten und mussten nicht fürchten, nicht weiter gelesen zu werden, weil irgendeine Hausfrau die Nerven verlieren und auf eine Krankenhausserie im Fernsehen umsteigen würde. Aber das Problem stellte sich bei Valentins Arbeiterstiefelroman nicht. Es würde kein schmalziges Happyend geben und war daher für Hausfrauen ungeeignet.

Valentin hatte sich mit seinem bürgerlichen Namen in das Hotel eingetragen, seinen Künstlernamen hatte er verschwiegen. Der Inhaber und die paar Angestellten hatten sich in den letzten fünf Jahren an ihn gewöhnt, stellten keine Fragen. Kreuzberg war diskret.

Das Hotel und die Zimmer waren spartanisch, kitschig, miefig eingerichtet. Gegenüber vom Bett hing ein Druck von Claude Monet, etwas Grünes, das über etwas hing, das blau war. Trauerweiden an einem See, auf dem Wasserrosen schwammen und Wolken, die sich darin spiegelten. Valentin mochte das Bild. Im ersten Jahr hatte er sich das Zimmer zwei Wochen mit einem äußerst potenten Hirsch in einer Waldgebirgslandschaft teilen müssen.

Mit den Händen sich auf das Waschbecken stützend, betrachtete er sein Gesicht. Nach zwei Wochen sah er dem Tier, in das er sich verwandelte, schon ziemlich ähnlich. Besonders am Morgen, wenn der Alkohol vom Vorabend noch deutliche Spuren in den verquollenen Augen erkennen ließ.

Es klopfte wieder an der Zimmertür: poch, poch, poch, poch.

Jetzt ließ Valentin das Mädchen herein. Er war mit Hose und Hemd bekleidet, Schuhe trug er nicht. Barfuß öffnete er die Tür und ging an den kleinen Tisch, setzte sich in den Clubsessel aus den späten Sechzigern und überflog sein Geschriebenes der letzten Nacht. Viel war es nicht. Das meiste waren Satzfetzen, hingekritzelte, unentschlosse, nicht konsequente und eher ängstlich zu Papier gebrachte Versuche, seine Geschichte vom Rand des Abgrundes und vor dem Fall hinab in die Oberflächlichkeit zu bewahren. Es war nicht einfach zu schreiben, was er dachte, ohne vor sich selbst zu erschrecken.

Das Zimmermädchen Tina machte das Bett, putzte das Waschbecken, saugte den Teppich, wechselte den Plastikbeutel im Papierkorb und legte eine neue Rolle Toilettenpapier nach. Die Dusche war unbenutzt.

Valentin sah ihr zu. Sie und ihre Kollegin waren die einzige Verbindung zur Außenwelt, außer den wechselnden Portiers, mit denen er telefonierte und alles bestellte, was er brauchte, um sein Eremitendasein zu führen. Die leere Flasche Bourbon verschwand in dem blauen Müllsack. Tina sah bedrückt aus. Valentin fragte, was sie habe.

„Schlimme Sache, eine Bekannte, besser eine Bekannte von meinem Freund, ist ermordet worden.

Man hat sie in ihrem Wagen gefunden. Stand ganz groß auf der Titelseite. Ach ja, Sie lesen ja keine Zeitung."

Tina erzählte von ihrem Freund Alfred, der in einer Kneipe arbeitete und den sie das Ungeheuer nannten, weil er eigentlich Bildhauer war und seine Skulpturen wie Ungeheuer aussahen. Und die Ermordete hatte sie für ihn verkauft. Das Geschäft läge gerade gegenüber vor dem Hotel. Antik, An- & Verkauf.

Valentin kannte den Laden.

„Sie haben das Schwein schon gefasst. Er hat sich selber gestellt, ein Typ hier aus dem Kiez.

Ein Maler, Anstreicher, verheiratet, mit Kindern. Die sind im Urlaub, irgendwo im Fichtelgebirge. In der Zeitung haben sie geschrieben, der Mörder hat ausgesagt, er wollte sie nicht umbringen. Ist so über ihn gekommen. War wohl ziemlich voll, besoffen. Er hat sie in ihrem eigenen Wagen erwürgt, auf dem Beifahrersitz, und den Wagen hat er ein paar Straßen weiter abgestellt. Gleich drüben am Ufer."

„Wieso nur ein paar Straßen weiter?" fragte Valentin.

„Das Benzin war alle. Hat sie da sitzen lassen, einfach so. Ist schon eine kranke Welt."

Da hatte Tina recht und Valentin dachte an Arbeiterschuhe und Pumps. Vielleicht, so überlegte er, ging es ihm gar nicht um die Schreiberei. Vielleicht ging es ihm um das Aussehen. Um sein Aussehen, um die Falten in seinem Gesicht, die nicht weniger wurden. Vielleicht war es besser, ein Hemingway zu werden, wie ein Hemingway auszusehen, als einer, der auf jugendlich macht und schöne und glatte Hausfrauengeschichten schreibt. Der auf den Münchner Partys ein gern gesehener und begehrter Mann war. War das der eigentliche Grund für seine Ausbruchsversuche?

Tina stellte den Müllsack unter ihren Putzwagen und schob ihn auf den Flur. Sie schloss behutsam die Tür. Valentin nahm keine Notiz von ihr.

Was wäre in ein paar Jahren, wenn seine Anziehungskraft auf Frauen nachließ, die jetzt ein wesentlicher Bestandteil seines Erfolges war. Würden ihm seine Verehrerinnen noch die Geschichten mit jungen Dingern und Liebe und Leidenschaft abnehmen oder ihn auslachen. Oder ihn einfach nicht mehr lesen, nicht mehr kaufen. Würde er in drittklassigen Buchläden Bücher signieren wie ein gealterter Schlagersänger, der nur noch bei Betriebsfeiern seine abgedroschenen Lieder trällert, die nicht mehr stimmen? Stimmten seine Geschichten noch? Hatten sie jemals gestimmt? Doch, verdammt, sie waren gut, und sie sind gut.

Ihm ging es nicht um Qualität oder ob irgendein Kritiker seine Verwandlung gut oder schlecht fand. Es ging ihm darum, alt und grau und trotzdem geliebt zu werden. Und nicht bemitleidet, als einer, der die besten Zeiten hinter sich hatte.

Aber war er ein Hemingway?

Das war letztendlich egal. Er wusste, dass er für zwei Wochen im Jahr seinem Bild von sich ähnlicher sah als den Rest des Jahres. Und nur darauf kam es an. Und aus zwei Wochen werden zwei Monate. Und aus zwei drei Monate, und so weiter.

In einer Woche erschien sein neuestes Werk. Pressekonferenz, Interviews und Auftritte in Talkshows waren arrangiert. Das Buch, war noch vor seinem Erscheinen an das Fernsehen verkauft und sollte im nächsten Jahr über die Bildschirme flimmern.

München lag auf der anderen Seite des Globus, dort, wo rote Pumps getragen werden. Seine Arbeiterschuhe blieben in Kreuzberg und warteten auf ihn.

Am nächsten Morgen nahm er den Bart ab, duschte sich, zog sich ein frisches Hemd und eine gebügelte Hose an, knotete einen Binder um den Hals und bestäubte sich mit Parfüm. Am Mittag würde er in ein Flugzeug steigen, das ihn aus Kreuzberg forttrug, nach München.

Vor dem Hotel wartete das Taxi. Gegenüber öffnete gerade ein junger Mann den Trödelladen. –

Als Paul den Laden öffnete, ließ er das Zeug drinnen und setzte sich in den Klappstuhl vor die Tür. Der Himmel war bewölkt.,Eer dachte, es sei besser, die Sachen im Laden zu lassen, falls es regnete. Es war nicht viel los auf der Straße. Nicht mal der kleine Idiot kam vorbei.

EIN NACHWORT

Jetzt, wo ich die letzte Episode mit Valentin geschrieben habe, erinnere ich mich an das Vorwort.

Da bin ich ja anscheinend nicht der einzige Schriftsteller mit einem Spleen.

Ich weiß nicht, was meine Frau dazu sagen würde, wenn ich einfach eine ganze Woche abtauchen und einen auf Ernest Hemingway machen würde.

„Wenn du solch einen Erfolg hast, wie Ernest Hemingway, kannst du von mir aus auch zwei oder drei Monate rumsumpfen!"

Meine Frau hat doch immer die besten Argumente.

Ich werde nun meine Straßenschuhe ausziehen und die Hausschuhe an und mich meinen Aufgaben widmen, die Mister Hemingway, Charles B. und Tom wahrscheinlich nicht zu bewältigen hatten.

Mist, ich habe vergessen Staubsaugertüten zu kaufen, und der Herd müsste auch mal wieder von innen gesäubert werden. – Nanu, die neue Nachbarin scheint doch einen Freund zu haben. Ich muss unbedingt mal mit der alten Meyer reden. Die weiß immer das Neuste über die Nachbarn.

Ach ja, es fehlt noch die Danksagung an meine Frau: Danke!

Aber auch mein Verleger verdient ein großes Dankeschön für seine unermüdlichen Anstrengungen Leuten wie mir das Gefühl zu geben, sie seien Schriftsteller.

Mit oder ohne Straßenschuhe.

RENEGALD GRUWE

GEDANKEN TEILUNG

ERZÄHLUNGEN

VERLAG 28 EICHEN

RENEGALD GRUWE

ICH MÖCHTE KEINE PINGUINE MEHR GESCHENKT BEKOMMEN!

ERZÄHLUNGEN

VERLAG 28 EICHEN